Advice from the president of Tsinghua University to teachers

清华校长给教师的建议

曹云祥　罗家伦　梅贻琦　著
路　远　编

CNS | 湖南人民出版社

目 录

曹云祥 >>>

上海圣约翰大学毕业，后赴美留学，获哈佛大学工商管理硕士学位。1921 年任北洋政府外交部参事。1922 年 10 月至 1928 年 1 月任清华学校校长，被誉为“清华之父”

罗家伦 >>>

五四运动的学生领袖和命名者，中国现代著名的教育家、思想家和社会活动家。1928 年 8 月至 1930 年 5 月任国立清华大学校长。他使清华大学由教会学校转为国立大学

梅贻琦 >>>

第一批庚款留美学生，1914 年，由美国伍斯特理工学院学成归国。历任清华学校教员、物理系教授、教务长等职，1931 年至 1948 年，任国立清华大学校长。被称为“清华永远的校长”

曹云祥

上海圣约翰大学毕业，后赴美留学，获哈佛大学工商管理硕士学位。1921 年任北洋政府外交部参事。1922 年 10 月至 1928 年 1 月任清华学校校长，被誉为“清华之父”。

体、智、德三育并重

（1924 年）

导读：这是曹云祥在 1924 年清华学校秋季开学仪式上发表的演说词，在此次演讲中，曹云祥特别提到了体、智、德三育并重的教育理念，并阐述了具体措施。

今日为本校暑假告终学年开始之期，复与诸君相聚一堂行开学礼。鄙人借此良机，将各方面所有改组办法略述大概。

（一）今年在学校方面，为筹备明年添设大学部问题最为复杂。幸而本校教职员之襄助者甚多，更有顾问五人及同学会等，可以充分讨论陆续进行。

（二）第二次退还赔款，与筹备大学自有关系。鄙人曾有中西文意见书，现在图书馆可以取阅。

按孟禄博士意见组织中美委员会，中国九人，美国五人，将各方面意见书审查讨论，决定如何用款。本校请将该款在清华设立研究院为全国学界研究之所，若不归清华办理，可另设机关。此款究竟作何用度，须在半年或十月以后始能确定，是以本校大学之发展，尚不能切实定夺。

（三）本学年，本校改良之大概注重体、智、德三育。

（甲）去夏，教育改进社在南京开会时，所遇见之教育家大半面黄肌瘦，足见不注重体育。本校体育部内，现略加改组：曹霖生先生主持军操，马约翰先生、徐国祥先生主持户外运动，乔治中尉与李剑秋先生主持户内体操，虞振镛先生主持童子军。（中四中有自愿入童子军者，可与虞先生接洽；但在兵操队者，须向曹霖生先生处声明。）

（乙）智育方面，全凭新课程之实施及新旧教员之努力。至详细办法，已由教务主任处随时宣布，务希诸君遵守。

（丙）德育方面，去年试办成绩尚可观，今年理当积极进行。现聘全绍文先生为主任，并有戴梦松先生、张子衡先生襄理，当可收较美之成绩。德育问题为修养事业，决不能一旦告成，亦非几位先生所能成就。务须各教职员随时帮助，暨学生中之优秀分子通力合作，其余学生亦须各自奋勉，以图增进立身处世之道，始能收完满之效果。

（四）琐事。

（甲）学生银行，本由学校办理，但不甚经济。今年大陆银行在本校开设分行，本校学生储蓄银行即由该分行办理，以谋便利教职员及学生汇款存款等事。

（乙）去夏，学生返里省亲者甚多，路次危险异常，既有兵燹土匪之虞，酷日霪雨之苦，又有江浙之战。南京、苏州各学校不能开课，本校师生返校亦有为所阻者。诸君今已平安返校，理当在学年内谋三育之并进，宜和衷共济，互相提携，如同一家，造成大团体之精神。使清华之校风发展，而为感化后来新生之基础。

（丙）每年暑假时，不免有大考落第者，常有父兄极力请求成全之举。鄙人以为，若各自早努力，不致辜负父兄之期望，更不致令父兄费此筹划之苦心也。本年务望各教职员随时严切训戒，帮助学生以全孝道。学生当感激师长，力图进益。至于一年之成绩，全在勤读、卫生、修养道德及课外作业之公益事。今年已将各级学业成绩前列五名及试读之学生通告，一则勉励优秀者，一则望师生体恤试读者，促其上进，免使落第。兹于开学之始，为诸君赠言曰“天助自助”（有自助然后有天助），愿与诸君共勉之。

领袖人才之养成

（1925 年）

导读：曹云祥把领袖人才的素质划分为 11 个方面，并阐述了哪些人有可能培养成领袖人才。同时他也指出，要想成为领袖人才，光读书是不行的，还要多参与社会实践，多与人交往，保持健康的体魄。

有社会团体，即须有领袖；无领袖则不成其为社会团体矣。譬如电机，若无电力，则与无电机同也。为领袖者必有领袖之才。以力服人者，非真人才也。唯以德服人者，始可为社团精神之指挥灵，而为真领袖也。

真领袖人才必须具备之资格如下：曰态度，曰言语，曰礼仪，曰机变，曰乐观，曰公正，曰纲纪，曰义务，曰团体，曰爱国，曰知人。兹试分析言之。

态度：态度为行为之一部，实为思想之外表。凡一举一动，能使人有知其心意。今之演电影者，即利用此术。为领袖之态度，恒宜镇静慎重。若骤改常度，易失人之信仰，又易启人之疑虑；盖或发生误会，横生枝节。

言语：言语，所以传达心意者也，宜简明切当。发言宜有节制，词意宜用正面。否则人易怀疑而生误会。严词厉色，非万不得已，不可轻用。

礼仪：礼仪为交际之媒介。凡在言语行动之中，皆可以表现之。如寒暄、对语、脱帽、握手、鞠躬等是也。夫人无分上下，礼仪皆不可缺。为领袖者，于此尤不可疏忽。

机变：机变，随机应变也。善机变者，能减少阻力，化除成见，解决纷争。不独能洞烛人之肺腑，且能审择事之机宜，是为外交之要具，尤为领袖人才所必需。此乃天赋之才，不易学之；然于交际之时，特加注意，亦未始不能锻炼而增进之也。

乐观：乐观为热诚之初步，热诚又为毅力之先导；故凡抱乐观者，其办事能率必高，可以化险为夷，较败为胜，而且感化之能力，可使观望不前者，亦尽力共图成功。故为领袖者，必应抱此乐观。唯过于乐观，易有失算之处；故又宜时。审进行之得失，庶免失败。

公正：为领袖者，大权在握，举足轻重；故无论用人行政，稍一不慎，即易偏徇，使人生不满之心，而失其信仰。凡为领袖者之得失，全视其公正心之如何而已。

纲纪：维持纲纪，使人服从。其所服从者，制度也，非服从领袖个人也。维持纲纪有二要点：一使人能尽其职，一使人愿尽其职。愿尽其职者，即无监督在其上，亦自具有责任心，不肯破坏此纲纪；故非有高尚之志愿与理想，提倡鼓励训练之，不足以养成纲纪也。

义务：义务心非自天生，必利用建设之天性，机变之手续，渐渐养成之。使人能以尽义务为光荣，而后社团可以发达。义务有难易劳逸之别。可使难者劳者不觉其难与劳，则在乎造成相当之空气与态度，以感化之。凡尽社团义务之标准愈高，则团体愈坚而进步愈速。

团体：无论何种团体，必有少数人做事勇往乐为；其精神足以感化当人，引起合作之心。感化力愈大，则团体心愈能普及，而团体之结合愈坚固愈进步矣。欲养成此心，非有良美之遗风，高尚之宗旨，完备之组织不可。更须有优秀分子，尽力提倡，以为表率启人之景仰，而使咸愿共保团体，于是团体心油然生矣。

爱国：爱国心含有创造、好胜、宗教、团结等性格，为一国之合群心也。因此个人之思想，应化而为国家为天下之思想。语曰：修身，齐家，治国，平天下，即爱国心逐层进展之谓也。普通之爱国心，爱土地、言语、风俗、历史、政体、实业与经济等之统一而已。高尚之爱国心，为爱文化之统一。盖由古传来之各派学术，能激励人民团结，而发生爱国心。其来源既有不同，往往各抱偏见，发生冲突。若欲天下各国弭兵息争，则非从文化统一着想不可得也。

知人：泰西格言曰：为良好公民，须知己。又曰：为良好领袖，须知人。又曰：良将者，须知己之精神，敌之特性。吾国兵法，亦有言曰：知彼知己，则百战百胜。能为领袖与否，视其知己知人之程度如何。用人之道，须先知之，而后用之。知之愈深，则用之愈当。知人之好恶、敬畏、强弱，而能利用其所好、所敬、所强，避免其所恶、所畏、所弱，则其人必乐于合作也。知人之道，须用有经验之目光，考察人之性情、言行、状态，以及往事之成绩。精细缜密考察之，而不容或忽，斯可得之也。

夫有以上种种资格，方可谓有领袖人才，方可为社团精神之指挥灵。然欲养成此指挥灵，至繁至杂。须事事顾及，面面俱到。或有所缺，即不能成全才。况人才良莠不齐，而良者更不易得之乎。

大凡人才，可分四类：

第一类，天赋之才，精明强干，随机应变，善于治人。是天然之领袖人才，不可多得者也。

第二类，非生而知之，乃学而知之者。此类之人，全凭研究阅历造成。苟学所得，必举一反三，触类而旁通。有知过必改之能，而无再蹈覆辙之弊，乐人之有建议。取彼所长，补我所短，使一己才具益臻完善。此类领袖人才，最占多数。

第三类，无决断之力，先见之明，机变之才。少常识而不能体贴人心。此类人才，有在上者督率指导之，使逐渐改良，尚可成为领袖人才。

第四类，才有所长，而无充分之智慧，往往性情常变，态度傲慢，手段强霸，或猜忌阴险。此类人才，最易败事。

以上所举，第四类无领袖资格。第二、三类俱可养成领袖人才。第一类虽天赋聪明，然一人之智识有限，断不敌多数领袖之智识；故亦不宜自满而须琢磨精进也。

由此可知养成领袖人才之道，在乎多学。而学不止读书一端。读书但可求学问之深造，未可得完全领袖人才之资格。然则将安从而求之哉？曰，唯多课外作业，多与人交，多运动而已。课外作业，可逐渐养成乐观、公正、纲纪、义务、团体、爱国之心。多与人交，可以逐渐养成态度、言语、礼仪、机变与知人知已之智慧。多运动可以强健身体，活泼精神，以备他日之为社团效力也。

今吾国国事之俶扰，国势之阽危，军阀争权，兵匪充薮，士不得安于学，农不得安于耕，工商不得安于市，以无领袖人才之故也。彼欧美列强，国家富强，人民安乐者，是有领袖人才之故也。可知领袖人才，有之则国治，无之则乱。其重要有如此者！吾校岌岌变更学制，提高程度，添设大学部、研究院，实亦亡羊补牢之计；盖欲培养青年学子，成就领袖人才，以供我国之需求，而期挽此狂澜，使政治统一，百废俱兴，人民得以安居乐业，共享和平之福也！

（载 1925 年 4 月 17 日《清华周刊》第 343 期）

教育的宗旨

（1925 年）

导读：这是曹云祥在 1925 年 9 月发表的开学演讲词，他在演讲中提到了两个重要的教育理念：一是不要盲目照抄西方观念，要建立中国自己的教育体系和方法；二是教育的目的不是培养只会背诵的书呆子，而是要培养高尚的人格，为进入社会做准备。

今日为本校开学日。忆去年暑假后开学之日，因有水灾及战事，交通阻隔，教员学生不能如期到校者，颇不乏人；而本年则交通便利，师生戾止，即可继续课业。今日欢聚一堂，非常欣幸。本校于暑假前因沪案问题发生，全国学界有爱国运动之举，本校学生亦热心参加，故在六月十七日仅行最简单之毕业礼，以告上学年之结束。又于暑假期内一切工作，依旧进行，如派送毕业生，考送专科生女生，招考大学部新生、研究院学员等均次第办竣。兹鄙人有发表之意见六项，特分析言之：

（一）本学年为新计划开办之纪元，本应筹备典礼，敦请名人来校演讲。但于事实上略有窒碍，当另择日期，开正式新大学成立大会。

（二）十四年前中美所议定办法，设立清华学校，仅预备学生留美。唯因时局变迁，中国教育界眼光，亦随之而转。是以前年议定改设大学部以冀清华为中国大学之一，去年筹备一年，今日始告成立。自今而后，派送留美学生，逐渐减少，新大学学生，陆续增加。故今年招收新大学学生一百三十二名，研究院学员三十名。曩时每年仅能招收三十名至五十名而已。四年之后，公开留美考试。并非专派清华学生。凡国立大学毕业之学生，成绩优良，并本所习学科，在社会服务二年者，均可应试，每次考送以三十名为限。曾经当代学界名流讨论决定，故此种计划，为中国智识界所赞许。

（三）新计划之大目的能使新教育在中国有自动的能

力，而后有生活气象。譬如栽培树木，使其日见繁荣。故研究各科学，不必专恃外国书籍，即研究中国书籍，亦可发展，如地质学、生物学、农学之成绩，协和医院治病之宗旨，研究中国之物质病源，足见有自动之能力，其收效亦颇宏大。希望清华学校将来亦使其能有自动之能力。否则，如民国现时状况，但有名目而无精神。

（四）预备课程大旨，第一步先有完满之普通知识以为基础，第二步有二三年之专门知识能有彻底之研究，第三步注重独立而有系统之思想，不致仅习皮毛毫无实益，俾养成处世之态度，或曰人生观。其课程详细情形，由教务主任说明之。

（五）巩固新大学之根本。现在中国所谓新教育，大都抄袭欧美各国之教育，欲谋自动，必须本中国文化精神，悉心研究，所以本校同时组织研究院，研究中国高深之经史哲学，其研究之法，可以利用科学方法，并参加中国考据之法。希望研究院中寻出中国之国魂，犹如日本武士道之魂，新意大利之魂，及各国之国魂，其研究院之详细情形，由研究院主任说明之。

（六）所谓教育，并非专事诵读记忆而已，是欲养成高尚完全之人格，为立足社会之准备。否则，教育失其本旨。因现时社会批评留学生或某学校之学生，谓其善于捣乱，从未悉心研究学问，举止傲慢，不受约束，为众所厌弃，此关于人格问题。欲养成人格，于功课之好坏无甚关系，是人与人之接触。故欲求为人之道，大都在课外作业中养成之，如运动、军操、组织团体之会社，唯对于功课有余力之学生，方能为课外之作业，倘学生精力仅能对付功课，将来立身社会，仅能为一守分之国民，其他一切公益事务，均无暇顾及。所以本校极注重学生课外作业，特设一部以提倡指导之，庶几谋学业及课外作业之并进。其详细情形，由课外作业部主任及学监说明之。

以上六项，希诸生注意。尚有人格上一极小问题，鄙人每年提及，因章程上并未规定，即师生间之感情及普通之礼貌。如途遇师长或同学，行脱帽、鞠躬、握手等礼，亦希诸生留意焉。

（载 1925 年 9 月 11 日《清华周刊》第 350 期）

清华之教育方针

（1926 年）

导读： 曹云祥回顾了清华创立的缘由和成就，并总结了清华的教育方针，即“课程则中西并重，目的则体用兼赅。为国储才，以才救国。合教职员学生及毕业同学，陶铸一种新精神，而建设一种新事业”。

清华教育方针之今昔

十八年前，美国以庚子赔款之一部分退还我国，政府决以资送学生赴美留学，计每人留美五年，则约可派遣一千八百人。此种兴学育才之计划，盖一八七〇年容闳氏所曾企图，而未克成功者也。容氏于时曾率青年学生一百二十人赴美，而自任监督之责。嗣以政府有虑学生偏激维新者，未久即命撤回，致氏之计划，中道而废。然当时赴美青年中，后来有闻于国内政治界者，实不乏其人焉。容氏少学于耶路大学，以一八五〇年卒业，为中国留美毕业生之第一人。归国以后，值太平军兴，时事多艰，所志不遂。嗣得见曾国藩氏，于当时创办江南制造局及招商局、电报局诸新政，多所计议。卒成派遣学生赴美留学生之一初期事业。虽一八八〇年即行停顿，然出洋游学，已成培养新才之唯一途径。固不仅曾氏首赞助之，即后来诸大吏，若李鸿章、张之洞、端方、袁世凯、周自齐等氏，亦无不汲汲焉倡导之者也。

迨后游学回国者，渐卓然有所建树，而为前辈士大夫所推重；若梁敦彦、唐绍仪、梁诚、伍廷芳、严复、萨镇冰、辜汤生、詹天佑、蔡廷干诸士是也。国政鼎革，需才益殷，而后起之劲，如陈锦涛、施肇基、颜惠庆、王景春、王宠惠、王正廷、顾维钧诸氏，亦嶷然有声矣。故方一九〇四年至一九〇八年间，美政府议退还庚款之际，派送出洋学生之办法，实时人心理所同然；盖其时美国总统及国务卿，则罗斯福及海约翰也。中国驻美公使，则梁诚也。外部尚书，则袁世凯，而其部僚，则唐绍仪、周自齐、颜惠庆、唐国安等也。学部尚书，则张之洞；而梁敦彦、辜汤生，其所汲引也。时则端方等五大臣考查宪政之使轺轺方归国也。此时而议及退款兴学，则除规随容氏之初期事业，宁有其他。游美学务处因于一九〇九年设立，以周自齐为总办，范源濂、唐国安为会办，时民国纪元前三年也。

中美约定原议，系于最初四年，每年派送学生一百名。一九〇九年举行考试，合格者仅四十八人。一九一〇年录取者，亦只七十人。学务处鉴于人才之难得，遂有自设学校，施行准备教育之决议。一九一一年周自齐氏赴英，政府任颜惠庆氏代理清华学校总办，范源濂、唐国安二氏为会办。一九一二年（民国元年）以唐国安氏为校长，周诒春氏为副校长。先在北京举行入学试验，后又咨行各省保送。冀育才之效，不限一隅。自是每年赴美名额乃渐增，至民国三年，达九十八人焉。

以上历史的回忆，凡以见当时所定选送游美学生之教育政策，乃斟酌时势与需要，会合朝野名流之意见，而后审择之，决非苟焉而已。自一九〇四年至一九一四年间，国内学生，渡欧、美、日本留学者，日见增多。一九一〇年之统计，留美者五百人，留欧者二百人，留日者四万人。今日则留美者二千人，留欧者一千人，留日者五千人。清华一校，在美所资给之学生，有毕业后赴美者四百人，专科生十人，女生十五人，半费津贴生五十人。其所贡献，已足注意矣；顾近年国内外人士舆论则大变。彼笃旧者流，始终未主张出国游学者不论。若智识阶级之中坚，亦均以负笈海外，饱学归来者，其所学所用，未能尽满人望。至于留学之岁月既短，造诣不精，及服务社会，非以盲导盲，即名不副实者，其受人指谪，更不待言矣。各方对于留学之批评，约如下：

一、青年出国，不谙国情，且易丧失国性。

二、留学所费过多，教育太不经济。

三、国内高等教育，已渐发达，大学本科，无须求诸国外。

四、在国外所习之知识学术，因不合中国社会，不能应用。

五、派送学生留学，应以比较成熟之大学毕业生，有确定目的者为限。

此种意见，初非为清华一校而发。唯以清华自一九〇八年采定选派学生赴美之计划后，所资送之人数独多，因之社会之责望亦独殷而已。实则主持清华校务者，盱衡时会，亦早有成算在胸。盖民国三年，校长周诒春氏已有改办完全大学之议。而十年金邦正氏复有于训育上必要时缓送学生出国之意也。民十而后，所谓留学生，愈失其魔力。余于民国十二年《清华同学会年刊》上曾论及之，曰：

“清华之发展，绝无确定之方针，实事之至奇者也。无论何种学校，其事业不进则退。清华之设，原为养成游美学生，但决不能以此自囿。时势与社会，既有推移，学校之方针，宜谋适应。旧时办法，已觉太乏效能。所谓效能，不外能于最多数人中，得最多量之益，且历最多时之期间而已。今有二策于此：一则于此后二十年内，每年尽量资送学生赴美，至二十年后，款尽即学校亦随之停闭；一则逐年减少留美学额，将清华办成完全大学，同时则此后至少有五十名学生在美留学。如此则清华教育之事业，影响固无限，而美国对华之睦谊，亦可垂誉于无穷。是二策者，孰得孰失，亦彰彰已。

“不特此也，由后之说，与中美两政府原约，亦无不符。盖至一九四五年时，此项赔款所资送赴美之学生，总计已不止一千八百人之数也。至现时所办之大学，课程则中西并重，目的则体用兼赅。为国储才，以才救国。合教职员学生及毕业同学，陶铸一种新精神，而建设一种新事业，此余所深祷者也。”

清华已往之历史，及未来之希望，既如上述。自新方针决定后，于民国十二年即次第实施。各省保送新生，于十三年停止。新大学即于十四年成立，录取学生约一百人，国学研究生三十人。现留美预备生尚有四级，计二百三十人，将于毕业后陆续送美，至十八年停止；十八年后，留美学额，逐渐减少。最后则清华于一时间内，所资给之学生，不得过五十名。其留学期间，不得过三年。此种学额之给予，仿现在专科办法，公开考试定之。凡曾在国内大学毕业者，皆得与试。将来所选录学生，于学问既具基础，于社会情形亦不至隔膜，再赴国外留学，其成就当较宏也。

在此新旧计划过渡之时，困难最甚。旧制学生，既人人努力于所学各科之预备；新制学生，亦人人属望所选各系之成功；研究院学生，又人人预期大学院之实现。青年求知之欲，向上之诚，固已不易遽得满足，而教授同人，又复人擅绝学，家竞师承，一若其所流连向慕之哥伦比亚、哈佛、麻省理工、西点、约翰霍坚斯、牛津、剑桥、巴黎、柏林可悉移植于清华焉。千里之行，而责之于跬步，则其欿然不足，又可知也。余谓将来大学发展，必循合理之次序，若文、理、教育、外交、新闻诸科宜在先，农、工、商诸科次之，而大学院又次之。

教育之目的

教育目的，自来哲学家、教育家未有定论。在西洋则“探求真理”“完成人格”“服务社会”等常认为学校教育之准鹄，在吾国旧时则“明德新民”“修己治人”以及前清颁布之“忠君、尊孔、尚公、尚武、尚实”五条，皆尝作为教育之目标。

以清华之历史言之，学生赴美，旨在求得知识技术，以裨益于国计民生。最初如唐绍仪氏等，即主张学生中至少百分之七十，应学习工商诸科之应用学术。诚以我国士人，向偏重政理文哲，于社会生活，太少实用故也。近顷国内教育界及思想界，对于此问题，意见亦分两派：一派注重科学及其应用，谋社会物质方面的发展。如美国第二次退还之赔款，即经“中华教育文化基金会”董事之决定，除一小部分外，几尽用于科学教育之一途。另一派提倡政治社会问题之研究，以为非先解决国是，则物质之幸福亦无由致。此二种主张，盖亦如车之两轮，鸟之两翼，未易轩轾也。

昔容闳氏号“新教育之先觉”，即渐摩濡染于中美两国之文化精神，撷取其政教思想，尝揭橥“为民感觉”（feel for the people）之格言，盖与孟子“与民同乐”之意趣相发。居今日而论教育目的，仍舍民治与博爱末由。至于普通文化与专门学术，亦必兼容并进，方免畸形之发展。若留学生之特殊使命，尤在了解与沟通东西之学艺思想，挈其精英，舍其糟粕，以融冶一种新文化也。

以上略述清华教育之目的，今更一按其结果，教育成绩，不易测量，撮要报告，难期完备。举其大概言之，则清华所培养之学生，约一千四百人，其程度约当美国大学二三年级。毕业生中，亦有直接入美校四年级或大学院者。以四年半之期，在哈佛得博士学位者数人，以四年之期，在威斯康辛得博士学位者一人。计此一千四百人中，现在校肄业者二百三十人。留美者四百人，学成回国者，约八百人。此外资助之专科生约五十人，女生五十人，半费补助生每年五十人。其已回国之八百人中，据本校“同学干事部”之统计，服务于教育界者三百人，其中任校长者十人，教务主任及学系主任四十人，教师及职员二百五十人。服务于工程界者一百人，其中任总工程师者二十人。服务于商业界者六十人，其中任公司经理者十五人。服务于银行界者五十人，其中任经理行长者十人。服务于交通界者五十人，其中任铁路局长者若干人。服务于政治外交界者五十人。服务于医法及各社会事业者，约一百六十人。以此成绩与国外任何大学较，当亦无大逊色。此美国政府以庚款兴学，与清华担负此兴学之责任者，双方所堪共慰也。

若以清华留美学生之事业与影响论，则自一九〇八年至一九二五年间受清华官费诸人中，有北京大学代理校长蒋梦麟氏，前任东南大学校长郭秉文氏，蒋、郭二氏，并为“中华教育文化基金”董事。有前任中东铁路局长王景春氏，王氏与胡适氏并为中英庚款委员。其于学术上之贡献，则如马寅初氏之于经济学，胡适氏之于文学、哲学，秉志氏之于生物学，赵元任氏之于物理学、哲学、语音学，均以著作发明，为学林泰斗。其他博士硕彦之敷教论学者，有如查良钊、张彭春、鲍明钤、庄泽宣、张准、茅以升、廖世承、吴宓、朱经农、陈达、罗惠侨、温毓庆、张坛海、任鸿隽诸氏。其鞅掌政枢从容坛坫者，有如黄宗法、魏文彬、杨永清、唐悦良诸氏。至若事属专艺，学擅胜场，如戴志骞氏之图书，洪深氏之戏剧，孙学悟氏之理化，黄桂棻女士之饮食卫生，庄俊、关颂声氏之建筑，卫挺生氏之银行，章元善氏之国际慈善事业，陆达权氏之司法行政，亦皆行能卓卓，名重一时。其在工商业，则以余所见武汉一埠，清华同学之任冶矿工程师者五人，水泥厂经理一人，瓷器厂经理一人，影片公司经理二人。他埠可想。其在陆军界，则参与苏奉军幕者各一人。举此数端，其他职业，可类推矣。溯留学归国，最早者不过十年，以此十年中，国步险巇，民生豃𢄼，而其成就如此，则后此时期，其学行事业之奋进，将视几何比率以俱增，可断言也。

至自办完全大学，在国内养成适用人才，现时方录取第一级学生，其成绩未可预测，然以清华同学在东南、南开、燕京、约翰诸大学所陶铸之英才观之，则清华大学自身，必能益宏乐育，卓尔不群，亦可断言也。

与大学本科同时开设之研究院，此际有应特别注意者。近年教育既日趋欧化，旧有之文化学术，逐日见沦丧。夫国家精神，寄于一国之宗教哲学文词艺术，此而消亡，国何以立。谓宜以西洋治学之方法，整理之，发扬光大之，则国学研究，不容缓也。本校延名师，设专院，招海内成学之士，讲贯肄习焉者，竟在是也。

（载1926年3月《清华周刊》清华15周年纪念增刊）

清华大学将来之发展

（1927 年）

导读：曹云祥指出，清华办学应该创新思维，改革制度，树立远大的目标，即“重在大学教育之建设，专门人才之养成。冀与欧美各著名大学，并驾齐驱”。

民国十三年，余著《西方文化与中国前途之关系》，曾论及清华对于输入文化应尽之责任及教育新计划。又曾于清华十五周年纪念增刊中，发表《清华学校之过去现在与将来》，关于清华之教育方针及经费，言之甚详，毋庸赘述。兹所欲言，特就清华将来之发展，胪陈梗概，借以摅吾愿望焉。

（一）改办大学之旨趣：清华学校原为留美预备而设。其毕业生作息于斯者，历七八年之久，对于母校感情，既极浓厚，爱护之念，必至深切。凡人恒情，爱之欲其生，清华赖赔款而存，款源告竭，则其生命，势必中辍。欲维持永久，须别谋救济。因有筹募基金之建议。唯以年来国内经济现象不良，个人生活艰窘。如向回国同学醵资，大非易事，募捐之方，实等画饼。遂采节流裕源之策，而实行改变教育方针之计。查中美政府原来协定，资送留美学生，定额一千八百名，其遣送方法，初无条约之限制。若将清华改办大学，一方择优继续派遣留美学额，不妨条约之规定。一方得以节储基金，备维久远之计划。预计至一九四〇年时，赔款总额虽已告罄，而基金利息既可维持大学之经费。设计之善，诚为两全。举办之初，曾征求国内教育家及美国方面之意见，咸乐予赞同。于是清华大学遂于民国十四年实告成立。其所以能得各方面之赞助者，综其理由，约有五端：

（甲）在中国造就人才，较提早资送赴美，时限费用，俱为经济。

（乙）中国大学毕业生赴美，可径入美国大学院，研究高深之学术。

（丙）留美考试公开，全国大学毕业生之优异者，均有留学美国之机会。

（丁）留国较久，国情明了，较之提早留美，事半功倍。

（戊）积储基金，以维久远。

清华大学本此理由而成立，各关系方面亦因此而表同情。则吾清华地位，将为中外属望。应如何奋自策励，以求自树模范，使国内各中学大学学生，皆期以清华为依归。盖一以欲亲清华门墙，一以冀获留学俊选。则清华之所以自励励人者，其将造福国家社会，宁有既乎。

（二）发展之程序：大学部成立，迄今仅有三年，规模虽具，罅漏仍多。图书仪器之缺乏，房舍设备之未周，固无论矣，即原有之科学馆、图书馆、体育馆、工艺馆等之建设，尚有扩充之必要。至若生物馆、农学馆以及办公室，教职员学生之宿舍，尚多付阙如。现所急需者，建筑方面，有生物馆及教职员之宿舍，第二院、第三院宿舍之改造楼房；唯此项计划，均因经济关系，进行不易。唯有将图书仪器，逐渐添置，房舍设备，酌量扩充，不贵恢廓，期于足用而已。现因校舍逼窄之故，每年招生，仅以宿舍容量为断，因之未能尽量收录，殊为缺憾。至学系学科，亦须随设备而渐进。拟俟旧制学生结束后，大学毕业期满，即成立大学院，俾将来不获入留学考试之选者，如其程度相当，得录入大学院，研究高深之学问。如是，不特本校本科毕业生之升学有所，即全国大学毕业生亦有应考入院之资格。循此步骤，倘能办成一完善大学，在国内造就人才，较之国外造成者，定必事半功倍，发展程序，大体如斯。至关于教务上之发展，闻教务长亦拟有计划，本文未能并及之也。

（三）教育之目标：我国办理教育，垂三十年，学制区分，叠经更张。最近中学采三三（或四二）之制，分高初二级。高级中学毕业程度，本可衔接大学本科。清华大学部，本科四年，不设预科，故招收学生，仅以高级中学毕业资格为限。观夫国内大学多有预科，而无大学院。清华则专注重大学之工作。再益以大学院二年或三年之深造，俾学生皆学有专精。造诣既深，心得自多，触类旁通，于中西文化，多所融贯，发为文章，贡献社会。则清华教育之效果，于焉以见。由是观之，清华教育之目标，重在大学教育之建设，专门人才之养成。冀与欧美各著名大学，并驾齐驱。苟能如是，则友邦赔款，虽用诸国内，而成效炳著。人无间言，而己亦足以自豪矣。虽然，此种目标非仓卒所能企及。苟其进行顺利，亦须十年或二十年之工作，始克完成。如遇障碍，即再益十年，亦未见有功。盖凡事非经艰难缔造，难期收效恢宏。征诸寰球各大学之成例，比比然也。

总之，以清华现状，非无发展之可能。唯当此过渡时期，束缚尚多，未可急进。倘及此时早植强固之根基，本各方互助之精神，合全力以奔赴，则最后鹄的，当不难达到。事在人为，空谈无补。周刊拟出介绍专号，以此题请求发表意见。爰本所怀，述其概略。发挥光大，尚有赖于全体之匡持。瞻顾前途，有厚望焉。

（载 1927 年 12 月 23 日《清华周刊》第 426 期）

制度与人才

（1934年）

导读：这是曹云祥在1934年刊发于《工商管理月刊》上的一篇讨论制度与人才的文章，文中探讨了组织与事业、制度与人才培养之间的关系，并阐述了节省精力的方法原则。

自物质文明发达以来，交通工具，大有一日千里之势，轮船、火车、汽车、飞机之外，又有电报、无线电、电话，广播电音等，来作传达消息之工具。驱鹰逐鹿，熙来攘往，人类之处于此种环境之下，势不能以闭关时代之从容态度，以谋应付。尝观处于一般领袖地位之人，每有因应接不暇而积劳成疾，息肩休养，或竟未老先衰，早萌退志等现象。此不独为事业之障碍，其直接或间接影响于国家社会之进步者，岂浅鲜哉，著者以管见所及，借工商管理月刊之地位，与读者讨论制度与人才问题，以求节省精力，促进效率。

制度者即一种组织之解释，凡群众中有共同性之事，均有一种制度，煤油大王落氏曾云，“汝可夺余之钱财，但请勿破坏余之组织”。其意是组织能得保存，则事业可以无虑。由此可知组织是一切事业之基础，欲事业之成就久远，必先有健全之组织，巩固之基础。譬如蜘蛛结网，安居其中，而一丝牵动，便即觉察，初毋劳左顾右盼，事事躬亲，故事务之繁冗者，反得处之以闲逸，不必埋头几案，而责任之重要者，亦得处之泰然，不必焦头烂额矣。

至于人才问题，前已有管理中之领袖人才问题一书刊行，其中已详言。盖制度者，可以随时采用，人才为天生者，苟非天生人才，必须利用其制度，以巧夺天工，如研究工作之性质，分析明确，训练各项人才，分别担任，俾主要人物，得以节省其精力，专心于设计计划建设等重要工作。所谓振衣必提其领，举网必提其纲，制度与人才，犹之衣之于领，网之于纲，纲领既得，自然有条而不紊。每见主要人物，昕夕繁忙，心力憔悴，仍属无补于事，而有顾此失彼之弊，其最著之原因不外下列数端：

（一）独裁包办。此种情形，大都由于一人主办一事，初则事甚简单，事事躬亲，及后事务日多，欲罢不能，又因虚荣心理所操，造成左右皆非亲信，疑虑愈深，心力愈烦。

（二）社会环境。风俗人情，往往消磨时间与精神于无形之中，如多数无谓之酬应，会客时之虚套，以及社会上种种牵制。

（三）缺乏人才。当此失业高潮之时，但一方又感觉到才难，此乃无可讳言之事实，主要人物虽颇欲有人负担责任，然又感觉到他人无经验、不负责、不可靠，因此一人独当。

（四）不善组织。组织不能善用，则事事牵制，煤油大王落氏，善用组织，所以建成大业，既可训练属员，又能握其纲领，按步进行，事半功倍。

以上数端，均为主要人物之所以繁忙原因，然人犹不知症结所在，不加注意，以为此乃不可避免之事，其实不然，使当初能利用制度，即可措置裕如也。

大凡节省精力之方法，不外以下两大原则：一曰委托之原则；二曰例外之原则。繁忙之人，倘能明了此二原则之用意，运用得宜，则不论机关人员如何多，事务如何繁，必能得人分任，而收指臂之效，保持掌握之权，否则一人精力有限，终朝劳碌，势必于事有疏忽之虞，而失败因果，将潜伏其中矣。

至于事务，又可分为常规事务与特殊事务。常规事务者，即平常规定事务，皆可委托他人办理，虽事务有难易之分，才能有大小之别，倘能量材使用，事适其人者，则可谓目的已达，于是领袖者可以节其余力，按照例外原则，专心于特殊事务。

虽然常规与特殊事务之分析，又不能胶柱鼓瑟，墨守成规，盖事务之中，往往有变化之性质，即常规事务中，或有特殊情形，而特殊事务渐成为普通之事，分析责任，在小团体中，可归诸主要人，在大机关中可委诸秘书处，尤宜处断明确，井然有条，庶不致有所误事也。

再有进者机关中之设计与判决二事，均属重要，二者之职责，固以领袖者之才能为断，然利用主任会议或成立专门委员会，以资互相讨论，亦可得集思广益之效。

以上所述几项原则，如能运用成熟，则领袖人物自可省去无数时间与烦恼，事业既能进步，精神亦可愉快。即遇困难问题，亦可迎刃而解。否则一旦事变发生，必致方针无定，手足无措，诚所谓焦头烂额，不若曲突徙薪也。

作者因事实之见闻，经验之所及，故将以上数项易于施用之原则，提出讨论之，或者可以触类旁通，随时采用，以收实效。尚希高明予以指正，则幸甚焉。

（载 1934 年《工商管理月刊》第 1 卷第 4 号）

全国学术工作咨询处与现代教育问题

（1935 年）

导读：曹云祥提出了革新教育的几个重要理念，即教育职业化（学以致用）、教育平民化（扩大受教育面）、教育功效化（按社会需求培养人才）、教育生产化（有助于国计民生）。

在科学没有完全发达，生产落后的国家，失业问题，确实成为社会上一种严重性的病态；就是世界各资本主义国家，近年受着所谓不景气的簸动，也免不掉这种恐怖，何况我们国是一向以农立国，数十年来，受了天灾人祸的伤害，以致农村破产，财源枯竭，所有工商业的基础，亦以连锁关系而随之动摇，甚至于崩溃，于是平日一般以农工商业生活的人们，一旦失掉了他们生产的手段，自然会感到生活的恐慌，而不得不另谋生存途径。无奈他们活动的范围，已遭摧毁，只有向都市方面奔竞，以期达到生活目的。然而都市方面，自感受农村破产的影响，已是陷入不景气的状态中，突然再加此无数量的求业者，就不免人才过剩，供过于求，渐酿成现在最严重的失业问题。

这种问题的发生，自有他的各种背景，虽然值得探讨和注意，却是富于社会性的广义问题，似非本文所应该讨论，毋庸多述。我们所要研究的，不过是那里面所包含之一种学术性的狭义问题，如从表面去观察，好像是很单纯容易了解的一件事，若是彻底来讨论，就不能不牵涉到其他关系方面的问题——现代教育问题，因为引证这个问题，才是解决那学术问题的正当途径。

为什么要成立全国学术工作咨询处？这点疑问，在教育部提议设立该处的理由书中很明白的说："现值中央与地方力图建设的时期，各方面都需要专门学术人才；然关于学术工作之需求，与夫学术人才之供给，因为国内没有一种机关负责疏通两方面的需要，往往陷于无法觅人，或用非其人的状况，致建设工作不能奏效，供给方面常感受失业与用非所学的痛苦；为补救此种不经济之现象，及利用专门学术人才发展建设工作起见，政府应从速组织一种机关，对于各处需要学术人才之状况，与学术人才之求业及就业者，详细调查登记，其未就业或就业而用非所学者，予以相当之介绍……”看过这一篇理由书，就可明了设立全国学术工作咨询处，至少含有三种意义：（一）调剂人才，（二）指导职业，（三）救济失业。概括的说，是要使人得其用，用得其人，国无才难之叹，人无不遂之才。这种意义，确是救济目前学术人才的一服良剂，也可以说是为国家统制人才立下一个坚强的基石。

人才是国家用教育力量培养得来以备使用，决不是偶然造就成功的，譬如国家在扩张军备时期，就须训练军事人才；发展实业时期，就得训练实业人才，以为之用。那么所谓人才，也当然要有他的相当学术与技能，才可以供事业上之需要，他的学术技能，是不是由教育陶冶出来的呢？可见教育是国家以训练人才的方式，谁也不容否认的。

现在来将国家比作一个以机器生产的工厂，教育比作一部生产的机器。人才就是机器产生的货品；要断定这工厂营业的成败，就看这部生产机器的出品如何。假使在某种货品销行最广，为他方面急切需要的时候，就应将此种加多制造，以资供给，甚或停制其他不需要的货物。如此则货畅其流，供适于需，工厂的营业，当然可望发达；反转来说，在某种货物疲滞难销的时候，还是尽量的制造，对市面所需要的物品，反是缺乏供给，结果是不行销的物品愈积愈多，需要方面犹感觉物质的缺乏，这个工厂，如何不受失败的危险？要想挽救的方法，只有一面去推销那积久的陈货，一面再去改良制造新货，才可望达到生产的目的。

这一假设喻，就是说我国过去的教育，好像是失掉了对象和功用，所造就的人才，不能适应时代的需要，就同机器制造了无销路的货物一般，出产尽管是多，需要方面还是感觉不足；因为这种原因，所以就形成人人求事，事事求人的矛盾状态，这种状态之发生，其近因固然是受着前述之广义问题的染化，远因还恐怕逃不出这教育问题；教育造就人才，既如机器制造货物一样，那就不能说是机器不能生产，只可说是生产的货物不适应时代的需要罢了。

现在政府已经察透了那种近因，而施行补救政策，设立全国学术工作咨询处，就是调剂人才和救济人才的唯一机器；成立的时间，虽仅及数月，而求业人才的登记，亦不过五六百人。在表面上观之，似乎是一个很好的现象，可是青年失业问题，仍是日趋严重，这种情形，一面是因为多方面的关系，不能即时由该处充分发挥其效能，使学术人才得到相当的解救；同时也是人才的供给与需要不相适应。爽直的说，就是人才制造问题。查我国现在制造人才的机关，共有专科以上学校百余所，每年出产人才的数量，总不下八九千人，还有留学生不在其内；这大多数的人才，果能适应事业方面的需要，以我国地域之广，似不难一一收容，尽以致用；假使供不适需的时候，就是百人十人，还恐难得其用哩！明白这个理由，应该如何去改良人才的制造问题，当然值得讲究，但是，如何解救目前人才失业的困难，这就是工作咨询处应尽的责任了。所以在这里，就该希望政府同社会方面，积极的援助该处，使充分发展其权能，对全国学术人才，实施详细之调查与统计，更须统计全国使用学术人才之机关；然后厉行统制政策，于某种事业需要某项人才；为供求双方作具体之配备，庶不致再有人不得用、用不得人之矛盾状态发生，也就是工作咨询处应该完成的一种庞大使命。

至于欲谋改造人才的方法，就不能不联系到现代教育问题；盖教育是人才的陶铸所，人才乃国家的命脉，关系国运盛衰，由来甚大，我国自废科举为学校，渐能吸引西方文明，教育乃因上进。数十年来，更张屡见。五四以后，新运高涨，所谓人才主义教育、职业教育、生产教育……种种论调，都成为教育问题，政府更鉴于科学昌明、事业发达的时期，深感学术人才的缺乏，只知积极去培养，但是没有顾及到别方面的需要问题，所以人才制造得虽多，若不是事实上或时代所需要的，也就成为无用之才了。我现在对于现代教育问题，特提出下面几项意见，以供商讨：

（一）教育职业化。学以致用，是为学的目的，国家教育人才，亦是期其得用，如学工的用之于工，学农的用之于农，用教育的方法去培养学术技能，完成人生全部活动之必要，以满足生活上的行为，这便是职业教育的本义。自斯宾塞阐明这种旨趣，各国职业教育运动，突然勃兴，我国亦以时代之需要，分途举办，但不能彻底推行，故未多见成效，原因是学校内没有使学者养成职业生活的习惯与劳作力，仅注重理论方面的讲解，而忽略实际上的操作。一旦离开学校，个人的职业，就会因环境而变易，如学商的可以去务农，学工的可以去经商，渐渐离开学术的范围。于是教育是教育，职业是职业，用非所学，不为稀罕，因此，失业，也自然是意中事了。如要实行职业化的教育，必须学商的商人化，学农的农人化，养成职业化的生活习惯，使学校与社会形成一体，到了弃学就业的时候，仍旧不能超脱所学的范围，更须利用其所学以为生活的手段，这才真正达到职业教育的功效。如能实行普及，则人人皆有生产的技能，失业问题，或可得到解决的途径。

（二）教育平民化。我国人，士气太深，也是教育失败的一点。什么“士为四民之首”一类的话，在这科学时代，实在不知牺牲了多少人的事业。在一个农业或工业大学的毕业生，如欲请他们去实地耕种或做工，他们一定不愿意牺牲儒士的身份，去做那卑下的工作；这种虚荣文弱的积习，应该用教育方式去祛除，养成刻苦耐劳平民化的习惯。在这劳力世界，一切事业，如能群策群力，定可获得较多数的成功。

（三）教育功效化。教育人才，应视国家社会的需要以为定；简单的说，即是养一份人才，要得到一份功效，设如在发展教育时期，就应训练教育人才；实行建设时期，就须训练建设人才，那么，这所训练的人才，就可尽其所学的力量，为国家服务，国家即获得一份教育人才的功效，这就是功效化的教育。

（四）教育生产化。在此农村破产、经济衰落的时期，生产建设，实为当前要着。生产事业，必须借人才的力量以发展。故教育人才，应以生产为对象，培养各种生产学术与技能，成为生产的力量；国家生产事业，必能因教育之功，而得到优良的效果，国计民生，更多裨益焉。

总之，教育问题，关系国家大计，是值得研究的，尤其在此国难时期，如何以教育的功效，去造就人才，以苏解国家与社会的危困，肩负复兴民族的责任，这当然是教育方面应该注意的，但是人才的救济与统制，亦为当前急务，全国学术工作咨询处，自能本其职责与现代教育互为终始，对学术工作人才，予以切实之指导，使各得工作门径，则学得其用，用得其才，各种事业，亦必依人才的力量而趋强盛，渐成为学术人才的国家，这才达到国家教育人才与设立该处的真正目的。

（载 1935 年第 5 期《全国学术工作咨询处》月刊）

罗家伦

五四运动的学生领袖和命名者，中国现代著名的教育家、思想家和社会活动家。1928 年 8 月至 1930 年 5 月任国立清华大学校长。他使清华大学由教会学校转为国立大学。

杜威博士的《学校与社会》

（1919 年）

导读：罗家伦对杜威《学校与社会》一书中所体现的理念进行了精要的总结："学校就是社会，教育就是生活""从学校里得到真正适应社会的人才，以创造进化的社会"。

杜威博士是当今世界上最大的教育家。《学校与社会》又是杜威博士很重要的书，所以我不能不尽一点介绍的责任。

读者要懂得这本书的价值，请先想一想中国现在学校的状况。中国办学校虽然多年，请问现在中国社会所得到学校的利益有多少？现在中国第一个危险，不是学校的毕业生愈多，而社会愈不见进步；不但社会不见进步，而且一班不稂不莠的毕业生，在社会上一点不能尽力，而且有害社会上经济生活的安宁吗？我们试平心静气想一想，一班小学毕业生出来没有用固不必说，就是中学生毕业以后，不上不下，能够做什么？——固然是社会不要他们做什么，然而他们自己哪里有去做的能力？至于大学或高等学校的学生，知识虽然完备一点，然而毕业以后，不是改行，就是变节。请问这样的学校，办得有什么用处？这实在是一个大难题。要解答这种问题，请言杜威博士的学说。

杜威博士对于学校的基本观念，就是要使“学校的生活建设在社会的基础上”。换句话说，就是要使“学校就是社会，教育就是生活”，然后可以“从学校里得到真正适应社会的人才，以创造进化的社会”。从前学校不良的效果，都是旧教育的罪过。旧教育实在有几种根本观念错误的地方：

（1）不以儿童为完全的人；

（2）不以儿童为有本能，可以自动。

因为他不以儿童为完全的人，所以他把儿童全个的生活，分作几部分；全个的教育，也分作几部分。必须几部分全体经过以后，才能算是人。譬如树一样，他将一株树强勉锯作几段，然后将几段一齐拼拢来，才可以算是一株树。所以现在学校最可悲的弱点，就是想专门预备儿童将来社会的生活，而忘记了儿童现在就有社会的生活。他却不知道小树虽小，也是一株完全有生活的树；善种树的人乃是将一株完全的树培养好来的，决不是分开一段枝、一段叶可以培养好的。“儿童的生活，也是一种继续不断的生长（continuing growth）。”无论在哪级教育里，他们都是一个完全的人，都有完全的社会生活。所以无论他们何时离开学校，也是一个完全的人，也能适应完全的社会的生活。先有了当儿童是人的观念，然后有儿童的本能自动教育可言。旧教育不以儿童为人，所以他当然不以儿童为有本能，为能自动。他只以儿童是静的，收受的。同一个空球一样，教的人想装什么进去，就装什么进去；又同一块白蜡一样，教的人想把他捏成什么样子，就成什么样子（参观杜威博士《现代教育之趋势》一篇）。这样的教育，哪能造成自由发展的个人，以创造永久进化的社会。新教育能推翻这样的观念，以为儿童是有本能的、活动的，不仅能受而是能发的，所以造就出来的人才，自然是有人格的、有生气的、能创造的了。

这样新旧教育学说的变迁，不但根据社会的现状，并且根据于很深的心理学。新旧教育学说不同的地方，正是新旧心理学不同的地方。新旧心理学对于这个问题最不同的，共有三点：

（1）旧的心理学以为人的心理，纯粹是个人的事，与外界没有关系的，只是世上孤单的一件东西。而新的心理学则承认个人的心理，不过是社会生活一部分的机能，自己不能单独发展，常受社会的不断刺激和滋养。

（2）旧的心理学不过是一种学问，理解的心理学（psychology of knowledge and intellect）所讲的是官感（sensation），所不讲的是动作（movement）。而新的心理学则知道理解官感种种，从前以为是心理学的最高的用处，现在不过是知识应用时候一部分的机能，有时只可用以指导活动的方向，而非有其他的能力。心理学的责任——特别教育上应用的心理学——是要去求种种人生的真理（truths of life）。

（3）旧的心理学以为个人的心理是注定的、一成不易的。而新的心理学知道，心理不过是一种进行的“程序”（process），是一种会生长的东西（growing affair），能够在不同的时代，作不同的变迁，表现不同的能力和兴趣。这颇足以说明“生活的连续”（continuity of life）。生活是连续不断的，所不同的地方，不过是职务和需求的不同。

有这种新心理学发生，所以有这种新教育学的发生。也可以见得近代心理学——大都从实验得来的——进步的迅速，势力的伟大了。据心理学研究儿童本能质素，更有兴趣，大约分为四种：

（1）社交的本能（social instinct）

（2）创作的本能（instinct of making）

（3）考察的本能（instinct of investigation）

（4）艺术的本能（art instinct）

有这四种本能，于是有四种兴趣：第一，谈话交通的兴趣；第二，制造物件的兴趣；第三，好盘问好寻找的兴趣；第四，好修饰好表现的兴趣。有这四种的本能，生这四种的兴趣，但是我们有什么教育可以发展他们、满足他们呢？杜威博士研究的结果、试验的结果，就是提倡活动。儿童既然是能动的、能发的，所以决不能专用书本教育。教育的方法，是要顺到他活动的天性，随时随地灌输他各种有兴趣而能适应社会生活的知识。“学校不是为儿童读书的地方，是为儿童实地生活的地方。”真正的知识，不是仅由书里得来的。读书成了书箱，对于社会还是没有用处。要实行这种新教育，最好提倡儿童的工作教育，使儿童有随时活动的机会；教育家就利用这个机会，给他相当合用的知识，自然有良好美满的效果。“这种的工作，并不是以出品在经济上的价值为目的，乃是要因此发展社会的力量；完全放弃狭义的实利问题，而为人类精神上的可能性开多少条路；使学校成文艺、科学、历史联合的中心，作社会实际的活动。”这是杜威博士对于儿童工作的真意义，断非商务印书馆派的职业教育家所可假借的。至于儿童工作的价值，还可分开来大致说一说。

（一）可以顺从儿童的本能。儿童的本能既然是动的，所以儿童最痛苦的刑罚，就是不动。现在利用他活动的本能，使他做活动的工作——如纺织、木工种种——自然他觉到兴趣百倍。不但一方面他可以自己知道社会生活的情形；并且教的人可以因时制宜，一方面教他得到许多真正的学问。这样得来的学问，才是真能受用的学问。

（二）可以使儿童得到真正精密的科学知识。精密的科学知识，是要从实地考察、试验种种手续里得来的；且必须如此得来，方为真实，方能精密。譬如当儿童纺织的时候，趁他问的机会，教他轮机转动种种物理上力学的道理；趁他煮饭加盐的时候，教他化学上结晶的道理，自然比较真实。他当时有三番四次的考察；知道多了的时候，还有相当的归纳，自然思想渐趋精密了。

（三）可以养成儿童进化的观念。凡是儿童的动作，多与初民时代相仿佛的。教的人应当帮助他一步一步去改良，使他们的动作，合于进化的观念。而且当儿童有那种工作，或是使那种物件的时候，教的人就可以告诉他种种进化的阶级，养成他改进的心理。这种方法，关于历史的教授尤为重要；因为历史就是人类生活进化的总账。真正教授历史的方法，不是要儿童强记人名地名年代，乃是要儿童自己去经验一番历史。

（四）可以使儿童常与自然界接触。人生在自然界中，当然应该知道自然环境的价值，才可以用谋相当的适应。而且自然界是无尽的宝藏，有许多真理要待我们去搜寻出来。捉虾蟆，摸蛤蜊，可以生出达尔文的进化论；大雨放风筝，可以使富兰克林发明电学。若是儿童常常工作，常常活动，当然会同自然界一天亲密一天。

（五）可以养成儿童创造的能力。人类进化，全仗创造，是一定不移的道理。但是这种创造的能力，最好在儿童的时候，就当养成；而工作是养成创造能力的最好方法。这种的例是举不胜举的了。

（六）可以使儿童做事有一定的计划。工作大都是有一定计划的。譬如使儿童做泥炉，他一定先有一个炉身几高，炉门几宽，炉腰几大的计划。教的人却不必预先为他立定，让他自己去实行；实行到不合的时候，才设法使他自己发现缺点，然后指导他一步一步的去改良，以完成他的计划。这种观念养成之后，对于儿童一生办事，是很有利益的。

（七）可以发展儿童互助的天性。工作有时候不是一人可以做成，而必须数人同时做成的。再譬如几个儿童做泥炉的时候，这个和泥，那个取水，不但他们做的时候有兴趣，并且可以发展他们互助的天性，养成他们共同的工作，共同生活的习惯。

（八）可以免得功课有牵强的划分。儿童既然是一个完全的人，是一种继续不断的生长，所以他们无论何时，当然有一种完全能适合他生活的知识。将人生生活的知识牵强分作几段，当然是不对的；而所生的结果，就同现在中国的学校一样，养成一班不完不备不稂不莠的人。要免除这种弊病，只有教育里采用工作方法了。

以上所举的几条，不可随便举出，以明工作教育的利益；其余也不胜列数。但是有一点极当注意的事，就是这种工作的教育，不是关于狭义唯物或狭义实利主义的事，乃是关于人类智慧的事。心理学对于职业的重要观念，乃是要经验的知识方面和实际方面得一平衡。照这样办法，才可以适应社会的生活，才可以适应进化的社会生活。

以上所说不过是杜威博士对于学校和社会的大概观念。其余还有一章专讲福禄贝尔（Frobel）的初等教育学说的。提纲挈领有“以简驭繁”的好处。还有论“历史在初等教育上之目的”等篇，都是极有精彩的，我也不暇多说了。现在原书我已译了三分之一，两月后大约可以印出来，尽我一点介绍的责任。但是我总希望通西文的人，早看原文才是!

杜威博士的《德育原理》

（1919 年）

导读：罗家伦结合中国教育的实际情况指出，光靠读纸面上的书无法培养学生的道德感，而是应该像杜威所说的那样，要让学生在社会实践当中接受教育，在社会生活中接受熏陶。

在这本《德育原理》未出版之先，杜威博士曾经做过一篇讲道德教育的长文，叫作 *Ethical Principles Underlying Education*，独倡改革道德教育的新义，大大的震动了当时的教育家。以后他又根据研究所得，合以前文精义，成了这本《德育原理》。这实在是教育里一个极重的问题，我们有介绍之必要。

现在中国人不是长吁短叹的说些什么“道德堕落”的

话吗？但是道德堕落的原因和补救的方法，他们是不问的；只是长吁短叹几声之后，就教小孩子去读经——背些什么“《曲礼》曰：毋不敬”；——上修身课——教些什么《聪训斋语》《曾文正公家书》，以为自此可以“意诚而后心正，心正而后身修”了。哪知道读经只是读，修身课只是上，对于道德的增进一点没有影响，不但没有好影响，并且背了人之后，所做的坏事更要多呢！读者一读中国人的小说和笔记——如纪昀《阅微草堂笔记》之类——就知道那班手拿《近思录》的人，晚上干出什么事情来？我常说：若是读经，上修身课可以增进道德，那中国人个个都是圣贤，何至于害得他们长吁短叹？所以杜威博士在这本书里开宗明义的主张，就是反对专门空谈道德（他称之为 ideas about morality），而要在事实上养成道德（他称之为 moral ideas）。事实上养成道德的方法，就是提倡自动活动以适应社会的生活，使关于小孩子的行动不论所发的所受的，都能直接间接对于他的行为发生影响。道德全靠实际的表现，不是只会高谈的人就可以做得到的。有一个人看会了泅水的讲义，自己在房间里，关了门，照到讲义上的姿势爬。果然试卷及格了！在泅水函授学校毕业了！他下水去了！他的结果，只是向水底下去。（博士前次演讲《现代教育之趋势》的时候，也说过的。）丢开实际的活动来谈道德，也是这一样的情形。你不看许多人在学校的时候，满口仁义道德，一出来应世就张皇失措，无以自持吗？所以学校里修身一门功课，是绝对没有用的，是应当废除的——北京试行新教育的孔德学校里已废除了，——因为讲得面面有理的道德，尚且非空谈可以奏效，何况那种格言——遗传道德——是重文字，轻精神，重命令，轻自动，不但同“人生”没有关系，而且是压迫“人生”活泼泼精神的东西呢？

什么是道德？道德不过是人类对于现在社会生活的一种适应。人类离了生活固无所谓道德，而离了社会生活亦无所谓道德——况且社会的生活就是人类的生活，是离不了的；鲁滨孙漂流荒岛，寂然一身的时候，才有这种感想。所以道德固然不是已往生活的，乃是现在生活的；并且不是个人生活的，乃是社会生活的。离了水不能学泅水，离了现在的社会生活，就不能学适应现在社会生活的道德。

现在学校里没有社会的精神，实在是一个大缺点。须知学校并不是别的，乃是一种社会的组织；学校里的教育，乃是一种社会生活的进行，所以学校和学校教育并非为儿童将来社会生活的预备，当使儿童有团结，有活动，作现在社会生活的实现。有了这个根据，才有道德教育可言。

但是如何可以使儿童团结活动，去作现在社会生活的实现呢？大约可分几方面说：

（一）儿童方面，当有各种自动的活动，在学校里的生活，当如在社会上的生活一样，凡事都贵乎亲自去试验；一步一步的试验，一步一步的改进，才是真正自动的适合，才可创造真正进化的社会。总之儿童的天性是动的，不是静的；是能发的，不是仅能收的；是能做的，不是仅能听的；是社会的，不是个人的。所以注重的当在工作，当在团结互助。这种道理，我在前篇介绍《学校与社会》的时候已经说了许多，现在可以不必再说了。

（二）教员方面，当引起儿童各种自动的活动，当知道德教育，不是消极防范的，而是积极提倡的，我们中国道德的基本错误，就是偏重在消极的防范。试一读《曲礼》

的《内则》等篇，《仪礼》的种种礼节，简直把好好的人类，同把戏的一样玩。玩到结果，把人性都戕贼完了，还有什么道德！所以，真能明白道德的教员当顺到儿童的人性，引他们作种种人类的活动，最好自己也加入他们的活动，以前高坐堂皇，像装金菩萨的样子，现在不能摆了。

（三）教材方面，当为有社会性的学科交互的中心，不在某种特殊的科目，而在儿童社会的生活。工作教育固是很好，而地理历史也是极好的材料。从前历史地理的教法，只是教儿童读书，教儿童记人名地名年代种种，实在一点用没有。历史地理的教材，不在乎书，而重在社会生活的环境。在社会生活环境里选出来的材料，才可以引起儿童兴趣，助长他的记忆，而且说明种种难于抽象说明的道理。（参看杜威夫人演讲的《初等教育》一篇，由我所记的。）历史的用处，不在乎教人记得几个人名地名年代，而在说明社会生活进化的原理。地理的教法，不在乎分成些什么“数学地理”“地文地理”“政治地理”“商业地理”，而在说明人类相互的关系使他们互相了解。（参观我所记的杜威女士《历史学的研究》一篇，及本期王钟麒君《拟编高小学史地教材大纲》一篇。）

（四）制度方面，当趋于合乎社会的，而废除不合乎社会的。学校里最应当使儿童有种种社会的结合。一方面可以增进他们活动的兴趣，一方面可以养成他们互助的精神。如考试的制度，是不应当有的；而在初等教育之中，更是绝对不能有的。考试直接所生的罪恶还小（如伤害身体种种），而间接发生的罪恶实大。一种恶只能从本身上发生害处的，还不是真正的罪恶；于本身之外更牵及他事而发生害处的，才真是“罪大恶极”了。杜威博士以为，考试最大的罪恶有三种：（1）养成个人的竞争心，排斥社会性，往往使儿童互相倾轧；（2）使他们专注重表面的形式，致处于被动的地位；（3）考试原不过是侥幸的事，一有失败，往往使心气稍微薄弱一点的儿童，志气颓丧，永以劣等自居，而不能自振，就是胜利的也不过趾高气扬一会，何曾有点实益。（中国小学校学生，都有入学试验；去应试验的人往往非常之多，而被自以为严的学校所录取的又非常之少，——所以考小学也同打“发财票”一样。这班办小学的当局自以为“办事认真”，哪知“误尽苍生”，已经不少了！）况且考试往往专为预备将来而设；哪知道将来倒没有预备好，现在所有的经过一考之后，反而丢去！

其余重要的观念，我也无暇多说。总之一方面能实行自动的活动，一方面能适应社会的生活的人才，不但是一个道德家，并且是一个世界改造者！

学术独立与新清华

（1928年）

导读：1928年9月18日，国立清华大学首任校长罗家伦在清华大礼堂宣誓就职。宣誓后发表就职演说，演说词后来以《学术独立与新清华》为题收入罗家伦的著作《文化教育与青年》。在这篇演说词中，罗家伦提出了学术独立的办学宗旨，阐述了院系规划的思路，并就教师、学生、学术研究、仪器、图书等几个方面发表了自己的看法，从中可以窥见其成熟的教育思想。

在中国近代史上，革命的潮流当是发源于珠江流域，再澎湃到长江流域。但是辛亥革命的时候，革命的力量到长江流域就停顿了，黄河以北不曾经他涤荡过，以致北平仍为旧日帝制官僚军阀的力量所盘踞，障碍了统一的局面十几年。这回国民革命军收复北平，是国民革命力量彻底达到黄河流域的第一次，这是中国历史上一个新的纪元。国民政府于收复旧京以后，首先把清华学校改为国立清华大学，正是要在北方为国家添树一个新的文化力量！

国民革命的目的是要为中国在国际间求独立自由平等。要国家在国际间有独立自由平等的地位，必须中国的学术在国际间也有独立自由平等的地位。把美国庚款兴办的清华学校正式改为国立清华大学，正有这个深意。我今天在就职宣誓的誓词中，特别提出学术独立四个字，也正是认清这个深意。

我今天在这庄严的礼堂上，正式代表政府宣布国立清华大学在这明丽的清华园中成立。从今天起，清华已往留美预备学校的生命，转变而为国家完整大学的生命。

我们停止旧制全部毕业生派遣留美的办法，而且要以纯粹学术的标准，重行选聘外籍教授，这不是我们对于友邦的好意不重视，反过来说，我们倒是特别重视。我们既是国立大学，自然要研究发扬我国优美的文化，但是我们同时也以充分的热忱，接受西洋的科学文化。不过我们接受的办法不同。不是站在美国的方面，教中国的学生“来学”，虽然我还要以公开考试的办法，选拔少数成绩优良的学生到美国去深造；乃是站在中国的方面，请西方著名的，第一流不是第四五流的学者“来教”。请一班真正有造就的学者，尤其是科学家，来扶助我们科学教育的独立，把科学的根苗，移植在清华园里，不，在整个的中国的土壤上，使他开花结果，枝干扶疏。

我动身来以前，便和大学院院长蔡先生商量好如何调整和组织清华的院系。我们决定先成立文理法三个学院。文学院分中国文学、外国文学、哲学、历史、社会人类五系。理学院分数学、物理、化学、生物、心理五系。我到了北平以后，又深深的觉得以中国土地之广，地理知识之缺乏，拟添设地理一系，为科学的地理学树一基础。我们不要从文史上谈论地理，我们要在科学上把握地理。至于工程方面，则以现在的人才设备论，先成立土木工程系，而注重在水利。因为华北的水利问题太忽视了；在我们附近的永定河，还依然是无定河。等到将来人才设备够了，再行扩充成院。法学院则仅设政治经济两系，法律系不拟添设，因为北平的法律学校太多了，我们不必叠床架屋。我们的发展，应先以文理为中心，再把文理的成就，滋长其他的部门。文理两学院，本应当是大学的中心。文哲是人类心灵能发挥得最机动最弥漫的部分，社会科学都受他们的影响。纯粹科学是一切应用科学的基础，也是源泉。断没有一个大学里，理学院办不好而工学院能单独办得好的道理。况且清华优美的环境，对于文哲的修养，纯粹科学的研究，也最为相宜。

要大学好，必先要师资好。为青年择师，必须破除一切情面、一切顾虑，以至公至正之心，凭着学术的标准去执行。经改组以后，留下的十八位教授，都是学问与教学经验，很丰富而很有成绩的。新聘的各位教授，也都是积学之士。科学是西洋的，科学是进步的，所以我希望能吸收大量青年而最有前途的学者，加入我们的教学集团来工作。只要各位能从尽心教学，努力研究八个字上做，一切设备，我当尽力添置。我想只要大家很尽心努力，又有设备，则在这比较生活安定的环境之中，经过相当年限，一定能为中国学术界放一光彩。若是本国人才不够，我们还当不分国籍的借才异地。一面请他们教学，一方面帮助我们研究。我认为罗致良好教师，是大学校长第一个责任！

至于学生，我们今年应当添招。我希望此后要做到没有一个不经过严格考试而进清华的学生；也没有一个不经过充分训练，不经过严格考试，而在清华毕业的学生。各位现在做了大学生，便应当有大学生的风度。体魄康强，精神活泼，举止端庄，人格健全，便是大学生的风度。不倦的寻求真理，热烈的爱护国家，积极的造福人类，才是大学生的职志。有学问的人，要有“振衣千仞冈，濯足万里流”的心胸，要有“珠藏川自媚，玉蕴山含辉”的仪容，处人接物，才能受人尊敬。

关于学生，我今天还有一句话要说。就是从今年起，我决定招收女生。男女教育是要平等的。我想不出理由，清华的师资设备，不能嘉惠于女生。我更不愿意看见清华的大门，劈面对女生关了！

研究是大学的灵魂。专教书而不研究，那所教的必定毫无进步。不但没进步，而且有退步。清华以前的国学研究院，经过几位大师的启迪，已经很有成绩。但是我以为单是国学还不够，应该把他扩大起来，先后成立各科研究院，让各系毕业生都有在国内深造的机会。尤其在科学研究方面，应当积极的提倡。这种研究院，是外国大学里毕业院的性质。我说先后成立，因为我不敢好高骛远，大事铺张。这必须先视师资和设备而后定。二者不全，那研究院便是空话。我上面指出来要借才异地，主要的还是指着研究院方面。老实说，像我们在国外多读过几年书的人，回国以后，不见得都有单独研究的能力。交一个研究实验室给他，不见得主持得好；不见得他的学问，都能追踪本科在世界学术上最近的进步；不见得他的经验和眼光，能把握得住本科的核心问题。所以借才异地是必要的。不过借才异地的方法，不能和前几年请几位外国最享盛名的学者，来讲学一年或几个月一样。龚定庵说“但开风气不为师”。这种办法，只是请人家来“开风气”，而不是来“为师”。现在风气已开，这个时间已过。我心目中的办法，不是请外国最享盛名的人来一短期，而是请几位造诣已深，还在继续工作，日进未已，而又有热忱的学者，多来“为师”几年。在这期间，我们应予以充分设备上和生活上的便利，使他安心留着，不但训练我们的学生，而且辅导我们的教员。三五年后，再让他们回国；他们经营的研究室和实验室，我们便可顺利的接过来。我认为这是把科学移植到中国来的最好的办法。但是这需要不断的接洽，适当的机会，不是一下可以成功的。假以时日，我一定在这方面努力进行。

一切近代的研究工作，需要设备。清华现在的弱点是房子太华丽，设备太稀少。设备最重要的是两方面，一方面是仪器，一方面是图书。我以后的政策是极力减少行政的费用，每年在大学总预算里规定一个比例数，我想至少百分之二十，为购置图书、仪器之用。呈准大学院，垂为定法，做清华设备上永久的基础。我想有若干年下去，清华的设备，一定颇有可观。积极设备，是我的职责；但是我希望各院系动用设备费的时候，要格外小心。我们不能学美国大学阔绰的模样。我们的设备当然不是买来摆架子的，我们也不能把什么设备弄得“得心应手”以后，才来动手做研究。我们要看英国剑桥大学克文的煦物理实验室的典型。这个实验室在一八九六年方得到一次四千镑的英金，扩充他狭小的房屋及设备；一九〇八年才另得一项较大的数目，七千一百三十五镑英金来做设备的用途。当一九一九年大物理家卢瑟福教授（Rutherford）主持该实验室的时候，每个部门的研究费每年不过五十镑，而好几位教授争这一点小小的款子，来做研究。但是这个实验室对于世界科学的贡献太大了！

我站在这华丽的礼堂里，觉得有点不安；但是我到美丽的阅书馆里，并不觉得不安。我只嫌他如此讲究的地方，何以阅书的位置如此之少。所以非积极扩充不可。西文专门的书籍太少，中文书籍尤其少得可怜。这更非积极增加不可。我以为图书馆不厌舒适，不厌便利，不厌书籍丰富，才可以维系读者。我希望图书馆和实验室成为教员、学生的家庭。我希望学生不在运动场就在实验室和图书馆。我只希望学生除晚上睡觉外不在宿舍！

至于行政方面人员的紧缩，费用的裁减，我已定有办法。行政效率不一定是和人员之多寡成正比例的。我们要做到廉洁化的地步。我们要把奢侈浪费的习惯赶出清华园去！

还有一件事我不能不稍提一下，就是清华基金问题。几个月前我担任战地政务委员主管教育处来到北平的时候，知道一点内幕。我现在不便详说。其中四百多万元的存款，已化为二百多万元。有第一天把基金存进银行去，第二天银行就倒闭的事实。这不是爱护清华的人所忍见的。我当沉着进行，务必使他达到安全的地步。这才使清华经济基础得到稳定。各位暂且不问，这是我的责任所在。我更希望清华改为国立大学以后，将来行政隶属上，更能纳入大学的正轨系统，使清华能有蒸蒸日上的机会。

总之，我既然来担任清华大学的校长，我自当以充分的勇气和热忱，要来把清华办好。我职权所在的地方，决不推诿。我们既然从事国民革命，就不应该有所顾忌。我们要共同努力，为国家民族，树立一个学术独立的基础。在这优美的“水木清华”环境里面，我们要造成一个新学风以建设新清华！

读标准的书籍，写负责的文字

（1932 年）

导读：什么才是标准的书或好书？罗家伦在本文中已经给出了清晰的答案。——“他是伟大心灵的结晶，他是惨酷不停留的时间所淘剩的遗产。学问固常有进步，但他在进步的潮流中，有屹然不能毁灭的价值，——这不只是他在某时代的历史价值，而且是他有永久启发后人的价值。”并提出了期待：“为青年，为民族，为学术，为真理，大家应当努力造成一种读标准的书籍，写负责的文字的风气！”

尝听见中国一句古话道：“开卷有益。”

这话是对的吗？大大的不见得！开到不好的卷，反而有非常的害处。错误的、不正确的知识，比毒药还要厉害。

毒药不过毒坏人的身体，坏书简直毒坏人的心灵。一包毒药不过害死一两个人，一本坏书可以害死无数的人。

所以有“知识责任”的人，不只是盲目的劝人读书，而且要教人读好书——标准的书。

一个时代要产生标准的书籍，必须这个时代著作的人，能够有种著作的道德，去写负责的文字。这两层是不可分离的。

中国古人有著作数十年，还不敢拿著作出来问世的。也有如顾亭林写《日知录》一样，费了许多时日，还不敢写定一条的。西洋那类审慎的作家，自然更是不少。这实在是他们的美德，也可以见得出他们的责任心。因为他们觉得写出一点东西来，第一，他们对于知识的本身——真理——负了一种重大的责任；第二，对于自己的天良负了一种重大的责任。他们决不肯写出对于真理信不过、天良对不住的东西来，所以他们能产生“不废江河万古流”的著作。

但是我们中国现在许多英勇的作家，哪管这些。祢正平“笔不停缀，文不加点”，是多么可讽的事。胡想也好，乱想也好，错误也好，荒唐也好，只要我能有这勇气写下来，自然会有投机的书店去印，倒霉的青年去买。看见中国出版界风虎云龙的盛况，雨后春蕈的刊物（有人以为蕈字是笋字的笔误，我倒想笋还可以成材，蕈则半天太阳一出，不萎缩也溃烂了，所以还是用蕈字适当），谁能够不有“却羡前贤愧后生”之叹呢？

自然也有好些比较成熟的著作，构成光荣的例外。但是拿这些和出版品的总量来比，真是少极了。就一般而论，却不能不使人感觉到下面所说的现象：

关于编著的书籍，有一类是草率肤浅，不肯费脑筋写的，使青年读了这类的书千本百本，还是一无所得。有一类是由于著者自己根本不懂用外国标准的书籍，或是知道了而自己看不懂，专靠“重译来朝”，再加上一点自己的一知半解，便弄到一塌糊涂。有一类是著者自己根本不知道自己说的什么话，反故作玄奥以自欺欺人。而读者不懂，便以为其中有莫大的深微奥妙，不敢厚非。如从未读过一本黑格尔原著的来高谈辩证法，于是辩证法便成为太上老君的灵符了。有一类是别有用意，而假借一种科学名义来欺人的。如分明是宣传某种社会主义，偏假托为社会科学的便是。有一类分明是剽窃他人的著作，却靦颜据为己有，如一部讲“甲午战争”的书，里面整页的，接连几十页直抄姚锡光的《东方兵事纪略》，却不曾看见一个引号，想必是手民脱落了罢。有一类引经据典，故炫博雅，却是转引而来，或竟向壁虚造。前几天有一位朋友告诉我，说是有一位做带专门性质的简任官的先生，做了两本《国际公法》，内中说是所引见于某书第几页的，等到向某书第几页一查，简直绝无其事。我想我的朋友一定错了，因为著者所见的《国际公法》是三千年前的古本！像这样的情形，一类一类的举不胜举，而且都有事实为证，只是现在没有这许多篇幅罢了。

关于译著方面的书籍，也不免有同样的现象。一种是译者根本不知道外国标准的书籍，反而把外国不值一钱的东西，向中国乱介绍。胡适之先生前年告诉我，他在新书店里发现一本书籍，原文是四十年前美国一个皮匠做的一本小册子。不是说皮匠就不能写好书，不过这位皮匠写的只是宣传社会主义的肤浅小册子；外国讲社会主义的也自有权威，轮不到这位皮匠。但是这位皮匠在中国却遇着了知己，他这本四十年前的小册子居然现在译出来了。不过译的文字如此之深，胡先生竟然无法看懂！又有一种是译者自己的外国文太坏，望文生义，信笔直书。有的是不愿意查字典，有的是即查字典亦无办法。最后一种情形我亲眼看见过的。有一位研究元史的老先生要想到英文中去找元史的材料，请到一位先生去翻译。这种眼光和精神，都可使人佩服。但是我看见这位先生翻译这部《蒙古史》的时候，遇着了 In spite of 这个成语，便在 In 字底下注道“在内”，spite 底下注道“毒意”，of 底下注道“的”。于是再从“在内毒意的”里面引申出一个意思来。可怜这位老先生，竟不知不觉受这“在内毒意的”支配了。还有一种是自从直译硬译的妙用受了提倡以来，这种妙用，更可为不通的讳饰。谁说我不通？我是直译的。根据上面所说愈不懂愈觉奥妙的原则，直译是无怪花冤钱买书的青年所不敢批评的了。于是中国象形的文字，真成了一副七巧板，随意拼凑，随意猜度，都可以见仁见智！有一篇宣告“普罗文学”主张的文字，骂一般“资本主义的文学家”，说是我们一定要“奥伏赫崩”你们。这“奥伏赫崩”四字，我的笨脑筋想不出，后来一位精通音韵学的朋友，一旦豁然贯通，想出了告诉我道，这原来是德文的“aufheben”，有推倒的意思！这是“普罗”，也就是民众的文学！

出版界的情形到了如此，不但说不到对真理负责，便是天良也恐怕早已抹煞了。天良这件迂腐抽象的东西，本可不谈，但是大家忍看多少有志看书的青年，就永久在这迷阵里面，耗费构成生命的光阴，以致一无成就，白白的受了残害吗？老实说，这种情形，不是政府的力量可以禁止的。事实告诉我们，愈是禁的书，大家愈觉得他神秘，愈要设法找得来读。这只有靠一种知识的力量、社会的力量，无所顾忌，把这些西洋镜一律拆穿，使大家知道内容，那就不攻自破了。所以各国都注重出版品的评论，一面扫除无价值、害人类而且害真理的书籍，一面积极鼓励和介绍值得看的标准书籍。

在现在的中国，不但要扫除本国文无价值的书籍，而且要注重防止灌输外国文肤浅而不合相当标准的书籍。万不可教中国人拾外国人的麦梗，当作王令官的令箭。近二十年来有一件可伤心的现象，就是美国的普通教科书，充满了中国的“学府”。教授讲的美国教科书，学生读的美国教科书，“学者”书架上所常发现的也大都是美国教科书。不错，美国教科书中也有很好的，断不可因为他是美国教科书便存了藐视的态度。至其材料分配的平均，教时计算的准确，文字的清顺明晰，都是他的长处。只是像现在中国许多“学府”里一样，把他当作标准的著作，以为天下之大道尽在于斯，那便酿出大大的错误。方才所说他的长处，也都变成他的短处。最坏的影响，就是养成知识界浅薄的心理。

美国自有精深的学者，标准的著作，能够引起我们充分的尊敬。不过，平心而论，有一部分美国人，特别是在中国知名的美国人（杜威除外），著书真是太容易一点。有些一年一厚本，好像出书的机器。如写社会学的罗斯（Ross）在中国是有许多人知道的，欧洲有一位学者就给他“最知名最肤浅”几个字的考语。如阿格（Ogg）与巴恩斯（Barnes）最近几年来在中国也渐成为“大好老”了。有一个星期六的下午，我在拉斯基（H.J. Laski）家里坐。

他曾在美国教过书，对于美国知识界的遗闻逸事，是知道很多的；他的批评又很深刻，词锋又很犀锐，所以他说的话颇足发人深省。他历数某学年某位前辈教授在哈佛大学教某样功课，结果他并未出书，而他的高徒阿格不久就出了一大本著作。某学年另一教授教某样功课，阿格又复如此。这种“述而不作”的精神，殊堪钦佩！他又说，巴恩斯这个人，读了一大肚子的书，但是总不肯细心的批评，充分的消化。你把他所写的多少关于史学史的著作，和古奇（G.P. Gooch）所写的《十九世纪的史学与史学家》一书来比较。巴恩斯则不知剪裁，不顾分量的比例，只要是他知道的，就连篇累牍的写下去，不知道的，虽然原著者和原书非常重要，却也一字不提。一看古奇的著作，则某人的地位，在全书中应占多少篇幅，便只得多少篇幅。这当然是靠著者成熟的判断，但没有成熟的判断，如何可以大胆著书呢？就历史方面的著者而论，在中国最出名的便要算鲁滨孙（J.H. Robinson）了。鲁滨孙自有他的贡献，但是他的贡献还是在西洋中古史方面，而不是他近年来继续不断出版的课本。同是差不多的材料，他忽而这样一编，就成为“Development of Modern Europe”，那样一编就成为“History of Western Europe”，再一编就成为“Modern Times”，又一编更成为“Ordeal of Civilization”。一碗水倒来倒去，真是讨厌。原来他当年研究中古史的精神已过去了，现在不过把历史通俗化而已，值不得我们什么崇拜（说起来我还听过他的讲）。我这番话也不是攻击西洋学者的个人，尤其不是攻击美国学者，不过是说明学术界中的标准著作与非标准著作，自有分别，不是从一般人看过去的难易和爱憎而定的。非标准著作不只是产生在美国的应当指出来，即在任何国产生的也应当指出来。有位朋友说：“你把标准提得太高了。就我多少年教书的经验而论，现在许多大学生只要肯读，能读你上面所指出的几家的书籍，已经很好了，你何必还要求全责备。请杜威来不能请他教实验逻辑，只能请他教教育哲学，请罗素来不能请他教‘Principia Mathematica’，只能请他教社会改造原理的国家，还讲得上什么西洋标准著作。你不对我说过在大学试卷里看见‘温德华士与查理斯密者近代两大数学家也’之妙文吗？”我说唯其如此更要提倡读标准书籍，要大家一开眼界，知道知识不是这样浅薄的东西。“取法乎上，仅得乎中；取法乎中，其将若之何？”

我不是说在初学的时候不要读课本，课本自有课本的用处；我只是说老守着课本而不见知识界天地之大，乃是一件极不幸的事，可以把一切学问上进的萌芽，摧毁殆尽（至于连西洋课本都不能读，专门看小册子和 ABC 的大学生，那就根本和知识学问不发生关系，用不着说了）。性质类似的课本甚多，是读不尽的；无论在哪国，比较肤浅的著作，总是占比较大的量。人生哪有许多无聊的时间，费在这里。若是说到标准的著作，那就不同了。他是伟大心灵的结晶，他是惨酷不停留的时间所淘剩的遗产。学问固常有进步，但他在进步的潮流中，有屹然不能毁灭的价值，——这不只是他在某时代的历史价值，而且是他有永久启发后人的价值。柏拉图的《共和国》已经二千多年了，现在研究政治学说的人还不能不读，预料不久什么格特尔（Gettell）等之政治学课本已经被人用了去盖咸菜罐子，而柏拉图的著作还闪烁得好像星辰。哲学家伍特不列治（F.J.E. Woodbridge）前十几年在课堂里对学生说，他三十年来每年读 Locke：“Essay on Human Understanding”一遍；每读一遍，总得到一些新意思。这话真是经验之谈。莫说哲学，就是自然科学也有类似的情形。遗传学虽是近代进步的科学，但是重读嘉尔顿（Francis Galton）的著作，还足以令人神往。数学在近代的发展更可惊人，然而从笛卡儿（Descartes）与莱布尼兹（Leibniz）诸人的著作里面，仍然可以得到无穷的启悟。多读几本名家重大的著作，不但是一种知识的训练，而且是一种知识的修养。我不是注重古书，我只是注重标准书。古时的标准书要读，近代的标准书一样要读。不过因为时间太近，定评较难，辨别近代标准书，是比较不容易的事。但是也有补救的方法，如请求某项学科内的权威作系统的介绍和留意名家的书评，都是有益处的。若是和现在许多学生一样，翻开一本书一看，不问看得懂不懂，只见是一九三一年或一九三二年出版的，便油然而生敬仰的心理，如果一看见是一九二〇年出版的，便说“旧了旧了”，望望然而去之，——若是对于研究学问的态度如此，那我在本文所说的一切都是废话了。

我总想青年的时间精力，特别是有志向学的青年的时间精力，应当宝贵，应当让他循着经济的方法，费在有益的书籍、有效的研究里面。不然，徒费了许多生命的质素、民族的元气，反让青年脑筋里装满了许多错误的、肤浅的、半生不熟的思想，是多么可悲哀、可害怕的事。所以要负起知识的责任（intellectual responsibility）来的人，应当集中力量，努力以下几件事：

（一）征集中外学者意见，按照学科门类，选定标准书籍，列表公布，予有志研究者以正当的路径。这种书目，如果精当，一定有很大影响的。不看张之洞的《书目答问》支配了中国学术界几十年吗？

（二）有专刊批评和介绍书报，即普通定期刊物，也可以多附书评。遇着好书应当提出内容，详细介绍，引起读者的兴趣，进一步去读原书。遇着不够标准、不负责任的文字，应当请一班人，预备好铁扫帚，破除情面，把他们打扫个干净。

（三）由国家或负责文化机关，以不谋利的动机，来编译标准书籍。可用悬奖征求稿件方式，如有特殊稿件，即予以重大奖金，仿佛诺贝尔奖金一样。在国家与读者既得标准书籍，为大学教授计亦可少兼课兼事，谋正当学术事业之发展与竞争。

只是有两点要青年自己努力的：第一是要肯看书，不要把宝贵的时间精力浪费在风潮打架上面。第二是要能看书，那就非把外国文和工具的知识准备个充分不可。读外国文不是做帝国主义的走狗，这话想来是不错的。德国的中学和大学里注重英法文，英美大学里注重德法文。在学术很发达的国家，还是感觉到本国文的书籍，不够供专门的研究，何况在学术贫乏的中国。所以像这样工具的准备是省不了的。若是青年不肯安定下来，准备工具，专心治学，那又是什么都谈不到了。

我想我们所希望的事，不是绝对不能实现的，只看我们能不能转移风气。为青年，为民族，为学术，为真理，大家应当努力造成一种读标准的书籍，写负责的文字的风气！

中国大学教育之危机

（1934 年）

导读：作为一名大学校长，罗家伦经过长期教育管理实践之后深深感到中国大学教育仍然存在不少弊端：一是基础教育比较薄弱，与大学教育衔接存在问题；二是大学课程设置不合理，缺乏目的性；三是教学设备不完备，影响教学；四是师资力量匮乏，教师待遇不高。这些观点对于今天的教育来说仍然具有重要的借鉴价值。

现在提出一个问题来向各位报告和讨论，就是目前中国大学教育之危机。大家都知道国内各方面希望于大学教育的非常殷切，而大学教育是否能副一般人的希望，实是一个疑问。兄弟这几年来继续不断的办理大学教育，已有八年，在八年中间，目击身受的事情很多，所遇见的困难也不少。总理说：革命的基础在于高深的学问。但是中国目前研究高深学问的机关的状况究竟怎样，我们不能不加以深切的反省和考察。一个国家的现状，往往就是过去大学教育的反映。现在中国的情形，正可以说是十年以前中国大学教育的反映。（当然，中国的教育情形比外国复杂得多，除了国内的大学教育以外，还有国外大学教育的影响。）无论政府与党部各机关服务的人员，大多是十年或五年前受大学教育的人。现在国家到此地步，老实说一句，我们十年或五年前受大学教育的人，至少应该负大部分的责任。现在这样，再看后十年的情形也是这样。后十年的国家时事，就是现在大学教育的反映。现在的大学教育好，将来的情形也就会好；现在的大学教育坏，将来的情形也就会坏。后之视今，犹今之视昔。想到这一点，我们实在有点觉得不寒而栗！

教育的目的，在培养国家和民族的元气，本来是不能计近功的。目前国家不知有多少重要的问题需要解决，而尤其急需着手的，莫过于民族生存的力量培养问题。在这一点上，现在的大学许多不能符合全国人民的希望。现在中国的大学，所感到的困难很多，有的是自身应当解决的，有的乃是在本身以外的。举其较重要者，约有下列几端：

第一是基础教育问题。我们知道大学是教育最后阶段的陶冶，而每个青年，从家庭、幼稚园、小学而至中学，大部分的性情在入大学以前，已经陶冶成功一个畴范。要在大学教育的短短四年中间，加以改革，把根基不好的从新建筑一新，是很不容易的事情。这几年来，国内中学大部分实在办得很有缺陷，而大学直接与中学相衔接，因之也受到很密切的影响。固然中学办得好的也是不少，不能一笔抹杀，但大部分的中学实在办得太坏。兄弟这几年来大约考过两万以上的高中毕业生，每年至少要与二三千以上的中学生接触，发现现在中学生的缺点太多，尤其基本知识的训练太过贫乏。国文的试卷，不论文言或白话，通顺的很少，外国文之坏，也出乎意料。从前的大学预科程度相当于现在的高中，过去大学预科毕业的学生，大多能够直接看外国文书籍，而现在的高中毕业生能够看原版书籍的，就不多见了。中国人是向来讨厌数目字的，"大概""大约"等笼统副词每每是中国人的口头禅；一般中学生也都有讨厌数学的倾向，因为文艺书籍的引诱，常常以“性情不近”为理由，就将数学一笔抹杀，这实在是最危险不过的事情。现在的科学是建筑在数学上面的，数学打进去的学术才能确定成为科学。譬如数学打进了天文的范围，天文学就成为准确的科学；其他物理学、化学、心理学、经济学等也莫不如是。这几年来各大学生入学考试，一千本数学试卷中间，打零分的总在五百本以上，数学程度低劣到这个地步，还谈什么科学的研究！此社会科学中间，史地程度之坏，也是无以复加。这一点影响民族精神很多。有一次某大学新生入学考试，西洋史试题中有一问题：“凡尔登在何处？在欧战中占何重要地位？”有人答道：“凡尔登在江苏阜宁县，地位非常重要，如果西洋人听了，就有亡国灭种之忧。”又问：“日俄战争在何处发生？”有人答：“日俄战争发生于香港广州之间，日本人用飞机炸死许多广东人民。”又有一次问：“鸦片战争始于何时？终于何时？”有人答：“始于明朝，终于元朝。”诸如此类，简直是骇人听闻。现在国内无论哪一个大学，新生入学试验成绩全部在六十分以上的，很难到百分之一二。当然我们并不是因为大学办不好，来责备中学，大学办不好，办大学的人固然应负之责，但是中学是大学的基础，假使大学的一二年级还要拿来补习中学的功课，则四年的光阴如何可以支配。兄弟目击身受，感触太多，所以止不住多说几句。当然对于办理成绩卓著的几个中学，依旧表示十二分的钦佩。

第二是大学本身课程不甚适合实际要求，而且往往教学不认真。许多基础教育缺陷的中学毕业生到大学里来，大学加以切实整理，已属难事，何况大学本身的课程，也有缺陷。现在中国的大学课程往往太多，名目太好，而实际不能相符。拿中国国内大学的课程和国外有名的大学相比，恐怕他们都还不及中国的完备。大家都说，大学不是灌输知识的地方，是研究学术的场所。这话很好，德法的大学，尤其能副这种企求，但是德法的中学生是受过怎样的训练！例如德国的中学学生，在第八年已经读完微积分，和许多基本的科学；读文科的除希腊、拉丁文之外，至少还读好一种外国文字，可以看书。经过这样长期的铁的训练以后来进大学，自然可以切实进行研究的工作。美国的情形，便稍有不同，所以美国的大学比较严紧，学生的听讲笔记和实习报告，都是要限期呈缴的。中国现在的大学，则因陈义过高的结果，弄到教课既感不足，研究亦复不够。至于功课的组织，也成问题，希望国内学者，能急起指教。现在国内大学的功课，往往缺有机体的组织，应用的对象也不甚确定。按照中国的实际环境，我们究竟需要造成哪种研究最切，哪种人才最殷，实在值得我们慎重的考虑。大学的功课本有许多是不计近功的，如纯粹科学原理的研究，本来很难指定其有什么用途。譬如牛顿发明三大定律的时候，决想不到后来在机械方面会有这么广大的利用。这种纯粹科学的研究，自然需要，但是时代和环境所需要的学问，也同样需要。因为做纯粹的学者，以谋对于人类知识总量的贡献，虽属可贵，却不能期之于人人。大学的经费来源是国家的税收，是出于人民的负担，所以大学对于国家民族的生存问题，不能不负一种责任。大学的课程，断不可把外国大学里好的都采取过来，还要问问自己国家民族的需要。譬如研究植物的人，断不能只知道外国的植物，而不辨乡里田园的蔬果。又譬如学财政经济学的人，只知道马克思、蒲鲁东、李嘉图、亚当·斯密的学说，而忽略了本国经济的情形和田赋租税的状况。环境要认明，对象要确定，这样则学的人也就易于感受兴趣了。

第三就是感觉到设备不充分。中国的大学，设备大都不够。工欲善其事，必先利其器。现代的科学，尤其是需要设备的。设备是研究学问的重要工具，也是研究学问的重要鼓励。办教育的人，应当节省任何费用，以从事设备，国家也应当尽力补助学校经费，指定不为扩充行政之用，而为其增加设备之用。中国是穷的国家，我们决不是也决不当拿设备来做装饰。设备当以实际研究的工作为对象。利用设备的人，也应当体念民生物力之艰难，充分爱惜，充分利用。西洋也有几个学者，在不完备的实验室里，倒有很好的成绩，以后到富丽堂皇的实验室里，成绩反不如前的现象。不过就国家立场，要就不办大学，要办大学，便应当把他的设备弄好来。还有因为大学科系性质重复的太多，未加整理，以致同样初级的设备太多，高深的设备，因经济分散，反而太少。这也是可惋惜的事。

第四便是感受师资人选的困难。这或者也是因为大学太多的缘故。中国的大学，依照人口作比例，当然不算多，但就延聘师资而论，则中国的学者实在不敷支配。因为愿意一生一世献身于学术研究的人，虽然也有，却也不多，这种现象不只中国如此。在中国更加上政府与学校抢人，学校与学校抢人，于是人才更感恐慌。现在政府的行政效率，无论怎样，但是任用留学生与大学毕业生数量之多，确为从来所未有。学校经费较为困难，以致教授待遇不及政府人员之优厚。如普通大学教授的待遇，至多不过三四百元，而政府荐任官吏，可以高至四百元，简任官吏高至六七百元，所以与其在大学做一教授，不如在政府做一技正或科长司长。大学教授的待遇如果不能提高到相当限度，要大家安心研究学问，恐怕是很困难的。

照上面说来，中国的大学似乎很难办好，其实也不尽然。我们只要明白症结之所在，而有整个计划与决心以赴之，是可以根本改进的。大学办不好原因，有几点是属于大学本身的，当然应该自己去努力；也有几点是属于大学以外的，当然需要各方面的通力合作。第一基本教育应严格办理，尤其是中学。学生基础不好，补救实在困难。政府对于各公私立中学，也应严加考核，去年实行会考以后，各大学入学考试的成绩就比较好一点，这也是一个很显明的证据。同时，大学对于新生的录取，也应严加选择，因为大学教育本不是普及教育。就是苏俄的教育计划，也只听他们努力造成多少万工业技术人才，没有听说他们扩充多少万大学生名额。可见大学应该重质不重量。质好了，一个人可以抵几个人用。现在美国和日本都感觉大学生太多。中国的大学生虽然不能说多，但大学毕业生及其失业者的比例，却是很大。有许多毕业生社会简直无法容纳，尤其以在法科毕业的为最多。所以我们主张，第一步中学严格办理，第二步大学严格考录新生。每一个大学生，按每年国家所费于他的钱平均来计算，约在一千元以上。这都是老百姓的血汗，全国人民的担负。所以如果不想造就人才则已，否则就要使造就的人才个个精纯，个个有用。

第二办理大学应有确切的方针。分别认清学术的本体和环境的需要，使课程的组织，成为精密而系有机体的。既定以后，就须严格执行，不以虚声相向，不求名目好听。务使其对于民族生存问题，发生密切的连锁。若是大家把课程的对象和意义认清楚了，不但可以助长学术的发展，并且可使学的人也知道努力的方向。第三要集中人力财力，先从整顿几个重要的大学着手。政府应该下决心，首先尽力发展几个大学。集中有限的财力和人力，充分给予经费，以供设备。把几个大学整顿好来，才能造成新的学术重心。所谓转移学风，不是下几道命令可以做到的，唯一的方法，是要认定几处地方，集中一批真能努力研究的学者，予以较优的待遇和充分的设备，让他们以身作则，天天在研究室里做功夫，做出一些榜样给学生看，使青年知道真正的学问是什么，是怎样做成的。不愤不启，不悱不发。这种事实的昭示，实在重要。如果能使青年天天目濡耳染，潜移默化于这种浓厚的学术空气之中，自然能够兴奋，自然能够走到学术建设的路上去，自然能有好的学风发生。若是再能通筹全国大学之内容设置，把各重复的院系，予以合理化，也可使人才经济，都宽裕得多。譬如某一都会，共有六个心理学系，分设各大学之中，对于心理学可谓注重极了。但每系学生人数，都很有限；教授却也要有相当人数，方能分担各种应用的功课，以致许多很好的学者，每耗费精力于担任初级课程，研究的时间自然少了。这也是经济人才经费之道，值得注意的。

现在大学生的不能得到社会的信用，或者有人责备社会不好，以为社会没有同情，不肯扶植，甚至于排斥大学生。我们站在大学方面对于这种论调，也有同情。但是从社会方面看起来，则以为大学生的信用所以不能树立，是因为大学太过于粗制滥造的缘故。几年来兄弟也曾参与主持几次留学考试，和与研究院性质相似的学校考试，感觉到外间的责备，不无可以原谅的地方。有一次口试的时候，兄弟问到一位大学毕业生："井田是一种什么制度？"他说："是日本人。"更问道："赤峰在何处？"他说："赤峰是日本的一个海岛。"我们不禁喟然长叹，知道热河之亡，不只是亡于汤玉麟。大学毕业生不知道赤峰是中国的领土，中国还不应该亡吗？这当然是极端的例，不足以律一般，但是说出来也可以供我们警惕一下。所以国家对于大学首先要有通盘打算，继之以严格办理。国家究竟需要特别发展哪几种学问，造出来的人才应如何容纳，都应当打算进去。务必人不滥造，造就一个就有一个的用处。不然，学生毕业后就要失业。一毕即失，岂不糟糕！年来政治与社会之不安，都是肇端于此。现在社会紊乱的情形，使学生在未毕业以前，睁眼一望，就觉害怕，所以活动的学生在学校里就想出种种风头，也有甘愿受人利用的。他们希望将来的出路，是其中一个重要的原因。甚至对于系主任和教授的批评，不以其学识，而以能否将来替自己找出路为断。这虽是例外，并不尽是如此，但是已经可以使学术前途发生悲观了。

从前曾国藩谈用人，注意三事：一为转移之道，二为培养之方，三为考察之法。经过以上三个阶段，才能训练出一个真正的人才。现在的学校至多不过做到转移和培养的一部分工作；进一步的培养和考察，则有赖于青年问世以后的社会。在紊乱的社会之中，主管人员对于用人一项，往往不问被用的人的人格学问，而只问其背景如何，谁人介绍，以为登庸的标准。这样社会的组织，真是危险极了！用人自然不限于政府，一般社会也能容纳许多人才。所以我们现在不但需要一般国家的事业发达，并且需要一般社会的事业发展，方能解决大学毕业生的出路问题。如美国的一般大学毕业生，都不愿意走到政治路上去，就是因为工商业方面发展的机会很多，而且前途的希望较好，大家何必挤到政府里去抢饭吃？譬如福特一个人，他公司里的员工就有几十万人，全世界各重要都市都有他的分公司和办事处，比公使馆领事馆还要阔气，他宛如终身的小诸侯，何必定要做总统？但在中国则不然。中国的各种事业太不发达，而官厅很发达，并且许多官厅里冗员既多，事务轻减，报酬也较丰，于是青年都不愿到农村里去，而愿集中于都市。明明知道失业很痛苦，但是失业也愿等候。明明知道职业不稳定，但是可以舒服一天，还是舒服一天。像这样情形，不但政治不安，而且社会道德也一天一天的堕落下去。假使各种工商企业一起发达起来，其希望待遇，都较官厅为好，则青年自然望风景从，其精力既有所发泄，其事业心也可以发展，既有领袖欲的人，也可以借此发挥，用不到大家挤到政治界里去，你爬在我背上，我爬在你背上，结果一齐掉深坑，同归于尽，至于新事业可以吸收大部分的人才，是显著的事实。例如新近通车的杭江铁路就可证明。有天曾养甫先生和我说，杭江铁路任用国内外的大学毕业生约有四百人。请看一条六百三十多里的轻轨铁道路，已经可以容纳这许多人，则其较大规模的事业，自然不必说了。这一二年来，有一个可注意的现象，就是大学农工理三科的毕业生出路较好。而政治、经济、法律等系的毕业生则特别感到就事的困难。因此这几年来青年升学的趋向也有改变，投考理工农三科的人，比投考文法的人来得多。北方的大学有此现象，南方大学也有此现象。这是一个健康的征兆。这还是因为近来政府东设工厂，西设农场，南造铁路，北造公路的缘故。但专靠政府，总是有限。若是社会上各种事业，一齐发达起来，那前途更可乐观了。

至于文法等院毕业生的出路，则大部分要靠政府容纳，政府为拔取真才、澄清吏治、安全社会起见，应该严格实行公务员考试制度。现在两年一次的高等考试，还是不够的，应该年年举行，给优秀大学毕业生以充分的服务机会。现在各机关用人，大都要靠介绍信，实在是不好的现象。弄到像兄弟这样不足重轻的人，一年不知道要写多少封介绍信出去。明知无用，然而要信的人非要你写不可。这是因为政府登庸进陟，并无确定的方法，于是谋事的人，奉一纸八行书为至宝。那找不到旁人的于是找到我，真是惨极了。西洋各国则公务员的任用大都有确定的制度，其中以英国的为最好。美国从前的仕途也是很乱的。十九世纪美国有位大总统杰克逊（Jackson）便公认当时官吏任用制度为分赃制度（spoil system）。他还为这种制度辩护，说是很好，借此可以使政权轮转，免得偏枯。于是政党交替之际，不问青红皂白，把异党的旧人，一概赶掉，政治成为轮盘赌，影响自然坏极了。以后社会上起了多年的运动，以前的大总统罗斯福尤为努力，于是逐渐采用公务员考试制度。现在美国联邦的官吏有六十余万人，其中有四十五万是经过考试而后任用的。还有十五万人，不免受政党变更的牵涉。然在英国则内阁更替，不过调换几个部长，下面的事务人员，绝没有调动的危险。所以无论内阁改组多少次，政治决无纷乱。说到中国，则“一朝天子一朝臣”；没有八行书，就换不到委任状。真是笑话。大家要认识确定公务员考试制度，是澄清吏治的先决问题。第一届高等考试录取的人员，事实上百分之九十五已有实职。

第二届录取人员，也已分发。但是我总觉得一般人对于高考，总还没有达到应有的热心。国人对于高普考试的信仰心，也还未确立。有其他侥幸的路子可走的人，还是走侥幸的路子，不愿意咿咿唔唔从三考出身。这都是因为怕考取了以后，政府无法位置，分发各机关里去坐冷板凳的缘故。然而在政府方面，也同样感到困难，若是考取一百个人就要添一百个官，那不是高考录取愈多，政府官吏愈多，老百姓担负愈重吗？要确立大家对于考试的信仰心，要真正澄清吏治，我以为每届高考或普考的时候，非抽调各机关现有的公务员来考不可。每届至少抽考各机关公务员百分之五或百分之十，并不妨害这机关公务的进行。取了则准他复职，并加一重保障，不取则以新取的人选补。这样一来，不但全国的人对于考试制度，确切信仰，并且现任公务员也有所警惕，常常研究，不至离开学问。无用的人员，不裁也就自裁了。像这样有系统的进行，在十年或二十年之内，能够把中国公务员任用制度树立，且能为青年展开希望，为社会保持公道，并间接的促进大学教育的发达，关系诚非浅鲜。否则，专靠八行书任用官吏，吏治永远不会清明，政治永不会上轨道。

最后，兄弟希望全国人民，认清大学教育如果办不好，实在可以危害民族的生命。所以社会对于大学，应该取爱护扶植的态度，尤其绝对的不要利用青年。大家要知道，利用未成熟的青年，不啻斫丧国家民族的元气。因为青年的光阴非常短促而且宝贵，我们不可使他浪费，千万不要给他们不纯洁的印象，而且要充分培养他们的人格，给他们高尚的理想，使他们望见前途的光明。不要使他们脑筋里充满了低等唯物的观念，抛开学问而从侥幸里面求出路的心思，这便是斩断了他们前途一线的生机。国家的元气，也因此受了无穷的损失。我们要知道中国此后所需要的，不是奔走开会，小智自私，要发挥自己小领袖欲的人，乃是沉着前进，有专门知识和切实办法，公忠无我，以为国家社会服务的人。要有这样的人，才能解中国的问题。我们万一自己不能看见中国复兴和强大，我们还希望下一辈的人可以看见！

知识的责任

（1938 年）

导读：知识的责任包含三层意义：一是要有负责的思想，不幻想、不空谈，要有切实的证据和严密的逻辑，才能真正称为知识；二是要有坚持真理的信心和勇气；三是知识分子要有“先天下之忧而忧，后天下之乐而乐”的情怀。

要建立新人生观，除了养成道德的勇气而外，还要能负起知识的责任（intellectual responsibility）。本来责任是人人都有的，无论是耕田的、做工的、从军的，或者是任政府官吏的，都各有各的责任。为什么我要特别提出“知识的责任”来讲？知识是人类最高智慧发展的结晶，是人类经验中最可珍贵的宝藏，不是人人都能取得、都能具备的，因此凡有求得知识机会的人，都可说是得天独厚、享受人间特惠的人，所以都应该负一种特殊的责任。而且知识是精神生活的要素，是指挥物质生活的原动力，是我们一切行为的最高标准。倘使有知识的人不能负起他特殊的责任，那他的知识就是无用的，不但无用，并且受了糟蹋。糟蹋知识是人间的罪恶，因为这是阻碍或停滞人类文化的发达和进步。所以知识的责任问题，值得我们加以严重的注意。我们忝属于所谓知识分子，尤其觉得这是一个切身问题。

所谓知识的责任，包含三层意义：

第一是要有负责的思想。思想不是空想，不是幻想，不是梦想，而是搜集各种事实的根据，加以严格逻辑的审核，而后构成的一种有周密系统的精神结晶。所以一知半解，不足以称为成熟的思想，强不知以为知，更不能称为成熟的思想。思想是不容易成立的，必须要经过逻辑的陶镕、科学的锻炼。凡是思想家，都是不断的劳苦工作者。“焚膏油以继晷，恒矻矻以穷年”，他的求知的活动，是一刻不停的，所以他才能孕育出伟大成熟的思想，以领导一世的思想。思想家都是从艰难困苦中奋斗出来的。他们为求真理而蒙受的牺牲，决不亚于在战场上鏖战的牺牲。拿科学的实验来说，譬如在实验室里试验炸药的人，被炸伤或炸死者，不知多少。又如到荒僻的地方调查地质、生物、人种的人，或遇天灾而死，或染疾而死，或遭盗匪蛮族杀害而死的，也不知多少。他们从这种艰苦危难之中得来的思想，自然更觉得亲切而可以负责。西洋学者发表一篇学术报告或论文，都要自己签字，这正是负责的表现。

其次是除有负责的思想而外，还要能对负责的思想去负责。思想既是不易得到的真理，则一旦得到以后，就应该负一种推进和扩充的责任。真理是不应埋没的，是要发表的。在发表以前，固应首先考虑他是不是真理，可不可以发表；但是既已考虑发表以后，苟无新事实新理论的发现和修正，或是为他人更精辟的学说所折服，那就应当本着大无畏的精神把他更尖锐的推进，更广大的扩充。我们读西洋科学史，都知道科学家为真理的推进和扩充而奋斗牺牲的事迹，真是“史不绝书”。譬如哥白尼（Copernicus）最先发现地动学说，说太阳是不动的，地球及其他行星都在他的周围运行，他就因此受了教会多少的阻碍。后来布鲁诺（Bruno）出来，继续研究，承认了这个真理，极力传播，弄到触犯了教会的大怒，不仅是被捕入狱，而且被“点天灯”而死。伽利略（Galilei）继起，更加以物理学的证明，去阐扬这种学说，到老年还铁锁锒铛，饱受铁窗的风味。他们虽受尽压迫和困辱，但始终都坚持原来的信仰，有“鼎镬甘如饴，求之不可得”的态度。他们虽因此而牺牲，但是科学上的真理，却因为他们的牺牲而确定。像这种对于思想负责的精神，才正是推动人类文化的伟大动力。

再进一层说，知识分子既然得天独厚，受了人间的特惠，就应该对于国家民族社会人群，负起更重大的责任来。世间亦惟有知识分子才有机会去发掘人类文化的宝藏，才有特权去承受过去时代留下的最好的精神遗产。知识分子是民族最优秀的分子，同时也是国家最幸运的宠儿。如果不比常人负更重更大的责任，如何对得起自己天然的秉赋？如何对得起国家民族的赐予？又如何对得起历代先哲的伟大遗留？知识分子在中国向称为“士”。曾子说：“士不可以不弘毅，任重而道远。仁以为己任，不亦重乎？死而后已，不亦远乎？”身为知识分子，就应该抱一种舍我其谁至死无悔的态度，去担当领导群伦继往开来的责任。当民族生死存亡的紧急关头，知识分子的责任尤为重大。范仲淹主张“先天下之忧而忧，后天下之乐而乐”。必须有这种抱负，才配作知识分子。他的“胸中十万甲兵”，也是由此而来的。

提起中国的知识分子，我们很觉痛心。中国社会一般的通病，就是不负责任。而以行政的部分为尤甚（这当然是指行政的一部分而言）。从前的公文程式是不用引号的，办稿的时候，引到来文不必照抄，只写“云云”二字，让书吏照原文补写进去。传说沈葆桢做某省巡抚，发现某县的来文上，书吏照抄云云二字，不曾将原引来文补入，该县各级负责人员，也不曾觉察。于是他很幽默的批道，“吏云云，幕云云，官亦云云，想该县所办之事，不过云云而已”。这是一个笑话，但是很足以形容中国官僚政治的精神。中国老官僚办公事的秘诀，是不负责任，推诿责任。所以上级官厅对下的公事，是把责任推到下面去；下级官厅对上的公事，是把责任推到上面去。责任是一个皮球，上下交踢。踢来踢去的结果，竟和火线中间，有一段“无人之境”（no man's land）一样。这是行政界的通病，难道知识界就没有互相推诿不负责任的情形吗？有多少人挺身而出，本着自己的深信，拿出自己的担当来说，这是我研究的真理，这是我服务的责任，我不退缩，我不推诿！这种不负责任的病根，诊断起来，由于下列各点：

第一是缺少思想的训练。他的思想，不曾经过严格的纪律，因此已有的思想固不能发挥，新鲜的思想也无从产生。外国的思想家常提倡一种严正而有纪律的思想（rigorous thinking），就是一种用逻辑的烈火来锻炼过的思想。正确的思想是不容易获得的，必得经过长期的痛苦、严格的训练，然后才能为我所有。思想的训练，是教育上的重大问题。历次世界教育会议，对于这个问题，都会加以讨论。有人主张研究社会科学的人，他也得学高深的数学，不是因为他用得着这些数学，乃是因为这种数学是他思想的训练。思想是要有纪律的。思想的纪律，决不是去束缚思想，而是去引申思想，发展思想。中国知识界现在就正缺少这种思想上的锻炼。

第二是容易接受思想。中国人向来很少人坚持他特有的思想，所以最容易接受他人的思想。有人说中国人在思想上最为宽大，最能容忍，这是美德，不是毛病。但是思想这件事，是就是是，非就是非，谈不到什么宽大和容忍。不是东风压倒西风，便是西风压倒东风。哥白尼主张地动说，固且自己深信是对的，就是布鲁诺和伽利略研究这个学说认为他是对的以后，也就坚决的相信他、拥护他，至死终不改变。试看西洋科学与宗教战争史中，为这学说奋斗不懈、牺牲生命的人，曾有多少。这才是对真理应有的态度。中国人向来相信天圆地方，“气之轻清，上浮者为天，气之重浊，下凝者为地”。但是西洋的地动学说一传到中国，中国人立刻就说地是圆的，马上接受，从未发生过流血的惨剧。又如达尔文的生物进化论，也是经过多少年宗教的反对，从苦斗中才挣扎出来的。直至一九一一年，德国还有一位大学教授，因讲进化论而被辞退，甚至到了一九二一年，美国田纳西（Tennessee）州，还有一位中学教员因讲进化论而遭诉讼。这虽然可以说是他们守旧势力的顽固，但是也可表现西洋人对于新思想的接受不是轻易的。可是在中国却不然。中国人本来相信盘古用金斧头开天辟地。“自从盘古开天地，三皇五帝定乾坤”，不是多少小说书上都有的吗？但是后来进化论一传进来，也就立刻说起天演和物竞天择，人类是猴子变来的（其实人类是猴子的“老表”）。人家是经过生物的实验而后相信的，我们呢？我们只是因为严复译了赫胥黎的《天演论》，文章做得极好，吴挚甫恭维他“骎骎乎周秦诸子矣”一来，于是全国风从了。像这样容易接受思想，只足以表示我们的不认真、不考虑，哪里是我们的美德？容易得，也就容易失；容易接受思想，也就容易把他丢掉。这正是中国知识界最显著的病态。现在中国某省愈是中学生愈好谈主义，就是这个道理。

第三是混沌的思想。既没有思想的训练，又容易接受外来的思想，其当然的结果，就是思想的混沌。混沌云者，就是混合不清。况且这种混合是物理上的混合，而不是化学上的化合。上下古今，不分皂白搅在一起，这就是中国思想混合的方式。我不是深闭固拒，不赞成采取他人好的思想，只是采取他人的思想，必须加以自己的锻炼，才能构成自己思想的系统。这才真是化学的化合呢！西洋人也有主张调和的，但是调和要融合（harmony）才对，不然只是迁就（compromise），真理是不能迁就的。我常怪中国的思想中，“杂家”最有势力。如春秋战国时代，百家争鸣，极端力行的墨，虚寂无为的老，都是各树一帜，思想上的分野是很清楚。等到战国收场的时候，却有《吕氏春秋》出现，混合各派，成为一个“杂家”。汉朝斥百家而尊儒孔，实际上却尚黄老，结果《淮南子》得势，混合儒道，又是一个“杂家”。这种混杂的情形，直至今日，仍相沿未改。二十年前我取了一个“古今中外派”的名词，就是形容这种思想混杂的人。丈夫信仰基督教，妻子不妨念佛，儿子病了还要请道士“解太岁”。这是何等的容忍！容忍到北平大出丧，一班和尚、一班道士、一班喇嘛、一班军乐队，同时并列，真是蔚为奇观！这真是中国人思想的缩影！

第四是散漫的思想。这种是片断的、琐碎的、无组织的。散漫的思想的由来，固且由于思想无严格的训练，但是主要的原因还是懒。他思想的方式是触机，只是他灵机一来之后，就在这机来的一刹那停止了，不追求下去了。这如何能发生系统的思想、精密的思想？于是成了“万物皆出于几，万物皆入于几”的现象。他只是让他的思想像电光石火一样的一阵阵的过去。有时候他的思想未始不聪明，不过他的聪明就止于此，六朝人的隽语，是由此而来的。《世说新语》的代代风行也是为此。中国人的善于“玩字”，没有其他的理由。因此系统的精密的专门哲学，在中国很难产生。因此中国文学里很少有西洋式如弥尔顿的《天国云亡》、歌德的《浮士德》那般成本的长诗。因此笔记小说为文人学士消闲的无上神品。现在还有人提倡袁中郎，《浮生六记》和小品文艺，正是这种思想的斜晖落照！不把思想的懒根性去掉，系统的伟大思想是不会产生的。

第五是颓废的思想。颓废的思想是思想界的鸦片烟，是民族的催眠术，并且由催眠术而进为催命符。颓废的思想就是没有气力的思想，没有生力的思想。什么东西一经过他思想的沙漏缸，都是懒洋洋的。颓废的思想所发生的影响，就是颓废的行为。以现在的文艺品来说罢，有许多是供闺秀们消闲的，是供老年人娱晚景的。有钱的人消闲可以，这是一格，但我们全民族是在没有饭吃的时候，没有生存余地的时候呀！老年人消闲可以，因为他的日子是屈指可算的，但是给青年人读可为害不浅了。而现在喜欢读这些刊物的反而是青年人！文人喜欢诗酒怡情，而以李太白为护符。是的，李太白是喜欢喝酒，“李白斗酒诗百篇”。你酒是喝了，但是像李太白那样的一百篇诗呢？我们学李太白更不要忘记他是“十五学剑术，遍干诸侯，三十成文章，历抵卿相，虽长不满七尺，而心雄万夫”的人呀！你呢？颓废的思想不除，民族的生力不能恢复！

第六不能从力行中体会思想，更以思想证诸力行。中国的文人，中国的“士”，是最长于清谈的，最长于享受的。在魏晋六朝是“清谈”，在以后蜕化而为“清议”。清谈、清议是最不负责任的思想的表现。南宋是清议最盛的时代，所以弄到“议未定而金兵已渡河”。明末也是清议最盛的时代，所以弄到忠臣义士，凡事不能作有计划的进行，逼得除了一死以外，无以报国。“清议可畏”，真是可畏极了！横直自己不干，人家干总是可以说风凉话了。自己叹叹气，享享乐罢。“且以喜乐，且以永日，我躬不阅，遑恤我后。”老实说，现在我们国内的知识分子，也不免宋明的清议风气，只是享乐则换了一套近代化的方式。我五年前到北平去，看见几位知识界的朋友，自己都有精致的客厅、优美的庭园，莳着名卉异草，认为不足的时候，还可到北海公园去散散步。我当时带笑的说道，现在大家是“花萼夹城通御气”，恐怕不久要“芙蓉小院入边愁”。现在回想起来，字字都是伤心之泪。这不是北平如此，他处又何独不然？我们还知道近年来通都大邑有“沙龙”的风气吗？“我们太太的沙龙”是见诸时人小说的。很好，有空闲的下午，在精致的客厅里，找几位时髦的女士在一道，谈谈文艺，谈谈不负责任的政治。是的，这是法国的风气，巴黎有不少的沙龙，但是法国朝着莱茵河那边，有绵延几百里的防御工事，有最新式的炮台，有电气化的战壕呀！我们的中华民国呢？我不否认享乐是人生应有的一部分，只是时期有先后的不同。我们的苦还没有开头呢！我们不愿意苦，敌人也还是要逼得我们苦的。“来日大难”，现在就是，何待来日？我们现在都应忏悔。我们且先从坚苦卓绝的力行里体会我们的思想，同时把我们坚强而有深信的思想，放射到力行里面去。

以上的话，是我们互责的话，也是我们互勉的话。因为如果我脑筋里还有一格兰姆智识的话，我或者也可以忝附于知识分子之列。我所犯的毛病，同样的也太多了。不过我们要改造民族的思想的话，必定先要自己负起知识的责任来。尤其是在现在，知识分子对于青年的暗示太大了。我们对于青年现在最不可使他们失望，使他们丧失民族的自信心。我们稍见挫折，便对青年表示无办法，是最不可以的事。领导青年的知识分子尚且如此，试问青年心理的反应何如？我们要告诉他们世界上没有没办法的事，民族断无绝路，只要我们自己的脑筋不糊涂！知识是要解决问题的。知识不怕困难。知识就是力量。而且这种力量如此之大，凡是物质的力量透不进去的地方，知识的力量可以先透进去。知识的力量透过去之后，物质的力量，就会跟着透过去。全部的人类文化史，可以证明我这句话。我们只要忠诚的负起知识的责任来，什么困难危险都可以征服！

顾亭林说过：“天下兴亡，匹夫有责。”何况知识分子？他又说：“有亡国者，有亡天下者。”他所谓“亡国”，是指朝代的更换；他所谓“亡天下”，是指民族的灭亡。现在我们的问题，是要挽回亡天下，亡民族的大劫。在这时候，知识分子如不负起这特别重大的责任来，还有谁负？我觉得我们知识分子今后在学术方面要有创作，有贡献；在事业方面要有改革，有建树。我们不但要研究真理，并且要对真理负责。我们尤其要先努力把国家民族渡过这个难关。不然，我们知识分子一定要先受淘汰，连我也要咒诅我们知识分子的灭亡！

学问与智慧

（1938 年）

导读：在罗家伦看来，学问与智慧虽然有关联，但两者之间并不能画等号。一方面，学问是不能离开智慧的；没有智慧的学问，便是死的学问。另一方面，智慧也不能离开学问。有学问的人，虽然不一定就有智慧，但是智慧却必须以学问做基础，才靠得住。

学问（learning）与智慧（wisdom），有显然的区别。学问是知识的聚集（accumulation of knowledge），是一种滋养人生的原料，而智慧却是陶冶这原料的镕炉。学问好比是铁，而智慧是炼钢的电火。学问是寸积铢累而来的，常是各有疆域独自为政的。他可吸收人生的兴趣，但是他本身却是人生的工具。智慧是一种透视，一种反想，一种远瞻；他是人生含蕴的一种放射性；他是从人性深处发出来的，同时他可以烛照人生的前途。

有人以为学问就是智慧，其实有学问的人，何曾都有智慧？世界上有不少学问淹博的人，而食古不化，食今亦不化，不过融会贯通，举一不能反三，终身都跳不出书本的圈子，实在说不上智慧二字。这种人西洋便叫作“有学问的笨伯”（a learned fool），在中国便可称为“两脚书橱”或“冬烘先生”，反过来说，有智慧的人也不见得都有很好的学问。有一种人，读书虽然不多，但他对于人情事理，都很发达，凭借经验，运用心得，“官知止而神欲行，依乎天理，批大郤，导大窾”。这种的人，你能说他没有智慧吗？

学问是不能离开智慧的。没有智慧的学问，便是死的学问。有许多人从事研究工作，搜集了很多材料，但往往矻矻穷年，找不到问题的中心，得不到任何的结果，纵有结果，也是无关宏旨——这便是由于没有智慧。而有智慧的人则不然，他纵然研究一个极小的问题，但却能探骊得珠，找到核心所在；其问题虽小，而其映射的范围，却往往甚大。譬如孟德尔（Mendel）研究豆子的交配，居然悟出遗传的定律，奠下了遗传学和优生学的基础，就是一个例子。再说进化论的创立者达尔文。在达尔文以前，何曾没有富于学问的生物学家，看见过海边的蚌壳、山中的化石、类人的猩猿、初民的种族？何以不能发明物竞天择、最适者存的天演公例？等达尔文发明以后，于是赫胥黎慨然叹曰："这个道理，傻子都应该知道，为什么我以前不知道？"于是他奋身而为达尔文的"牛头狗"（bulldog），为他张目。当代的物理学家爱因斯坦，有人称他为牛顿后第一人。他的相对论是科学里一个稀有的创获。但是他自己却对人说："我的发明其实很简单，只是你们不看见罢了！"他能看见别人所看不见的，便是他的智慧过人之处。

世间不但有缺乏智慧的人，而且也有缺少智慧的书。我们可以把书分为两大类：一类是有智慧的，一类是无智慧的。有智慧的书，是每字每句，都和珠玉似的晶莹，斧錾般的深刻，可以启发人的心灵，开辟人的思想，有时可以引申成一篇论文，或成一本专书。这就是英文中所谓"灿烂的书"（brilliant book）。无智慧的书，往往材料堆积得和蚁丘一样，议论虽多，见解毫无。纵然可以从他得消息，却不可以从他得启示，在著者是“博而寡约”，在读者是“劳而无功”。这就是英文中所谓“晦塞的书”（dull book）。然而这类的书多极了，读者要不浪费时间，就不能不精为选择。须知著书固要智慧，读书也要智慧。“读书得间”，就是智慧的表现。“鞭辟入里”“豁然贯通”，都不是容易的事。若是像讽诵高头讲章的读法，则虽“读破五车”，有何用处？

学问固然不能离开智慧，同时智慧也不能离开学问。有学问的人，虽然不一定就有智慧，正和有智慧的人不一定有很深的学问一样，但是智慧却必须以学问做基础，才靠得住。戴东原说：“且一以自然为宗而废学问，其心之知觉有止，不复日益，差谬之多，不求不思，终其身而自尊大，是以圣贤恶其害道也”，正是这个道理。无学问的智慧，只是浮光掠影，瞬起瞬灭的。他好像肥皂泡一样，尽管可以五光十色，但是一触即破。唯有从学问中产生出来的智慧，才不是浮光，而是探照灯，可以透过云层，照射到青空的境地。唯有从学问中锻炼出来的智慧，才不是幻灭的肥皂泡；他永远像珍珠泉的泉水一般，一串串不断的从水底上涌。也唯有这种有根底的智慧，才最靠得住，最为精澈，最可宝贵。

若把学问譬作建筑材料，那智慧便是建筑师的匠心。有木，有石，甚至有水泥钢骨，决不能成为房子。就是懂得材料力学、结构原理，也只可以造成普通应用的房子，而决不能造成庄严壮丽的罗马圣彼得（St. Peter's）或巴黎圣母（Notre Dame）教堂。这种绝代的美术作品，是要靠艺术家的匠心的。但是材料愈能应手，匠心愈能发挥；构造的原理愈进步，艺术家愈能推陈出新。材料与技术对于作风的影响，整个的美术史，尤其是建筑史，都可以证明。所以学问与智慧是相辅为用，缺一不可的。我们不但需要学问，而且更需要智慧——需要以智慧去笼罩学问，透视学问，运用学问。

学问应如何去寻求？智慧又如何去浚沦？更应如何以智慧去笼罩，透视，并运用学问？这是思想方法的问题。思想不是空想，不是幻想，而是有严格纪律的一种意识的训练。思想当然不是别人所教得来的。没有思想的人，别人不能强他有思想，正如西洋古语所说：“你能引马就水，但不能教马喝水。”（You can lead a horse to water, but you cannot make him drink.）。然而思想是可以启发的。教育的最大功用，就是启发人的思想。所谓“不愤不启，不悱不发”，就是承认思想有启发的可能。思想应如何去启发呢？当然非有训练思想的方法不可。我现在先提出中西两大哲人关于训练思想的指示来。

中国的孔子讲学时，曾提“毋意，毋必，毋固，毋我”四个戒条。无论经学家如何诠释，我们拿近代思想方法的眼光来看，可以得到一种新的领悟。毋意可以释作不可凡事以意为之。没有根据先有论断是要不得的。这就是成见（prejudice），成见与科学探讨的精神不相容。毋必是不可武断（dogmatic）。武断是虚心的反面，往往以不完备的知识、不合的见解，据为定论。毋固是不可固执（obstinate），拘泥胶着，拒绝新的事物、新的假定。堕入樊笼而不自解，钻入牛角心里而不自拔。毋我是不可以自己为中心，以自我为出发点（ego-centric predicament），妄自尊大，正是所谓我执。这种胸有所蔽的看法，在逻辑上不能允许，在认识论上也不能容。必须破除以上各蔽，乃能清明在躬，洞烛万象。必须如此，才能浚沦智慧。必须如此，才能役万物而不为万物所役。为学求知应当如此，就是人生修养，也应当如此。

近代西洋的大思想家培根（Francis Bacon），在他所著的《学问的进展》（*The Advancement of Learning*）一书中，讨论思想错误的原因，可说精辟极了。康第拉（Condillac）曾说："世人了解思想错误的原因者，莫过于培根。"培根以为人类思想的错误，乃是由于有四种偶像（idols）。这种偶像，佛家称为"执"，我们称为"蔽"。第一是"部落的偶像"（idols of the tribe），可称"观感之蔽"。就是说对于一个问题，先按照自己的意见决定好了，然后才去寻找经验，再把经验团捏揉搓得和自己的意思相合。这无异手提着一个蜡人再向他问路。这是一般人最易犯的错误。现在有些大学生做论文，往往先有了结论，然后去找材料，好像药店里打好了装药的抽屉，安放得整整齐齐，再待把药材分别堵塞进去，就算完事。他不是从材料里去逐步寻求真理，乃是把他的所谓真理去配合材料。

这种工作，是白费的。第二是“山洞的偶像”（idols of the cave），可称“自我之蔽”。这与个人性格有关系。每个人因为他性之所近，常常在意识里形成他的一个所谓“洞”或“窠”。这种“洞”或“窠”，常把自然的光线屈折或遮蔽了，于是一个人就像戴上颜色眼镜，戴了蓝色眼镜，便说一切是蓝，戴了黑色眼镜，便说一切是黑。结果是是非不明，黑白不分。这种“洞”，人的思想一跌进去，便是不容易爬出来的。第三是“市场的偶像”（idols of the market），可称“语言之蔽”。这是从人与人的接触之中而生的。人与人相接触时，不得不用语言来交换思想，但语言所用的字句，常以群众所了解者为准，所以字意常不确定，或不完备，而真理遂被湮没。人类思想的错误，很多是由此而来。逻辑最重要的目的，就是确定每个字的意义，而使其有一定的内容，以免“失之毫厘，谬以千里”。政治煽动家说的话，大都是极漂亮而动听的，但是仔细分析起来，有几句是确定可靠的？庄子说“言隐于荣华”，其实这种语言是和无花果树一样，以他的叶子隐盖着他无花的羞辱。第四是“戏院的偶像”（idols of the theatre），可称“学统之蔽”。人类有些思想上的错误，是由于传统的信条或对事实错误的证明而来。古今来各种派别的哲学系统，往往不啻是戏台上一幕一幕的戏剧，各人凭其主观的想象而编成的。如果有人堕入彀中，深信不疑，便很容易固执偏见，抹杀其他。中国过去的学派之争，如所谓朱陆异同的聚讼，都于不知不觉中犯了这个毛病。

我们根据这两位哲人的指示，就可知道要训练思想，必须注意以下几点：

第一是去蔽。去蔽是训练思想的第一先决条件。必须能够去蔽，然后才能透视一切，大澈大悟，达到智慧最高的境界。必须去掉孔子的所谓“意”“必”“固”“我”，必须去掉培根的所谓四种偶像，然后才可有虚明豁达的心胸，接受一切的真理。否则阴翳在心，障碍在目，欲求真理，真理愈远。荀子有《解蔽篇》，说得很痛快。他说：“墨子蔽于用而不知文，宋子蔽于欲而不知得，慎子蔽于法而不知贤，申子蔽于埶而不知知，惠子蔽于辞而不知实，庄子蔽于天而不知人……此数具者，皆道之一隅也。夫道者体常而尽变，一隅不足以举之……然则虚也者谓毋若数子之蔽于所已臧之一隅，而害所将受之道也。”我们要知道智慧所烛的，决不仅是道之一隅！

第二是分析。分析可分两部分讲：一是事物的分析。宇宙的万象，交互错综，复杂极了，要全部加以研究，自为事实所不许可。所以生物学家只抽出一部分有生命的现象来研究，地质学家只抽出一部分无生命的现象来研究。这便是以类别来分析的办法。二是观念的分析。譬如语言文字所包含的意义，若要论事穷理，便非先弄清楚不可。不然，就生许多误解、许多枝节、许多争论。哲学争论之中，尤多文字涵义之争。从前黄远生先生有一篇文章，叫《笼统为国民之公敌》。这“笼统”二字，是中国人思想上最大的病根，不知误了我们多少事。我们要国民有清晰的思想，非把许多语言文字里所包含的观念，先行“刮垢磨光”一番不可。

第三是综合。综合就是将分析所得的结果，组织成一个完整的系统。综合的最大目的，就是在求思想的经济（economy of thought）。科学的公式，必须能以简驭繁，就是要把最简单的公式，解释和驾驶许多繁复的现象。无综合头脑的人，常觉得宇宙间的万事万物，不是各不相关，就是紊丝一团；而在有综合头脑的人看来，则觉得处处关连，头头是道，可以从中找出一个整齐的头绪、美丽的系统。

第四是远瞻。讲艺术要注意远景，讲科学何独不然？从事科学工作的人，因为研究专门的东西，最容易囿于一个狭小的范围，而把大者远者反遗忘了。专家的定义是“一个人在最小的范围以内，知道最多的东西”。所以专靠专家来谋国，是可以误大事的。蒋百里先生，在他的《日本人》中，形容日本见树木而不见森林的情形，有一段话最足发人深省。他说：“日本人很能研究外国情形，有许多秘密的知识，比外国人自己还要丰富。但正因为过于细密之故，倒把大的、普通的忘记了。譬如日本人研究印度，比任何国人都详细，他很羡慕英国的获得印度，但是他忘记了英国人对印度的统治，是在大家没有注意时代用三百年的工夫才能完成。而日本人却想在列强之下三十年内要成功。日本人又研究中国个人人物。他们的传记与行动，他很有兴会的记得，但他忘记了中国地理的统一性，与文字的普遍性，而想用武力来改变五千年历史的力量，将中国分裂。他又羡慕新兴的意大利与德国，开口统制，闭口法西斯，但他忘记了他无从产生一个首领。”这一段话，我不厌求详的写下来是因为他不但是给日本人一顿严厉的教训，也有可供我们深思之处。我们所理想的科学家与思想家，不应钻在牛角心里，而应站在瞭望台上！

以上四点，都是值得每个研究社会或自然科学的人加以深切注意的。黄黎洲说，“无速见之慧”，智慧是要努力才能浚沦的。我们要努力求学问，我们更要努力求智慧！唐人高骈有一首诗道：“炼汞烧铅四十年，至今犹在药炉前；不知子晋缘何事，只学吹箫便得仙！”这是一首很有哲学意味的诗。

哲学最早的定义，就是“爱智”，也就是对于智慧的追求（pursuit of wisdom）。他对于宇宙和人生是要看整个的，不是看局部的；对于历史是要看全体的，不是看片段的。一时的便宜，可以酿成终久的吃亏。穷兵黩武的野心家可以造成无数战场的胜利，而最后得到的是整个战局的失败。这是缺少智慧的结果。现在的世界，学问是进步了，专门的知识是丰富了，但是还有这种悲痛、残酷、黑暗、毁灭的伟大悲剧，表演出来，这正是因为人类智慧贫乏的缘故！想挽回人类于空前浩劫的人，在这阴翳重重的世界里面，只有运用慧剑，才能斩除卑狭私伪、骄妄怨毒、寒心蔽性的孽障，才能得到长久的和平。希伯来古话说得好："快乐的是能寻着智慧的人，是能得着了解的人。"（Happy is the man that findeth wisdom, and the man that getteth understanding. — Proverbs）

文化的修养

（1939 年）

导读：罗家伦指出民族文化对于个人修养的重要性，他相信人们能在不知不觉里，流露他持身处世的德性，超凡越俗的领会，美丽和谐的心灵，这一切都是民族文化和个人浸淫在自己民族文化里的结果，同时指出该如何进行个人文化的修养。

在现代机械文明工业社会里面，谁都容易感觉到生活的紧张、干枯和单调。因此而更感觉到厌倦、烦闷和不安。有的是情感的刺激，无的是情感的安慰。刺激多了，不是神经麻木，就是情感的横溃，甚至于由厌倦而悲观。在平时如此，在战时为尤甚。

知识的训练要紧，生产的方式要紧，工作的效率要紧，但是情感的调剂至少也同样的要紧。一张一弛的道理，不只是适用于调弓，而且适用于人生，人生的弛是必需的，但是这“弛”不是等于放纵，不是等于懒惰。要求“道德的假期”是无补而且有害于人类心灵的。让我们把眼光转移到文化的修养上去罢！

麻木、横溃和悲观固然要不得，但是做人到粗俗、犷悍、鄙吝、傈野的境地，也是十分的可厌。若是只讲物质文明的享受而无精神文化的修养，结果一定到粗俗、犷悍、鄙吝、傈野的境地。

有几位西洋的文化哲学家，常是给文化（culture）与文明（civilization）两个名词，以不同的涵义，至少他们把这两个名词的着重点看得不同。德国人所谓文化（kultur）的涵义，固带日耳曼文化特殊的彩色，但是他们看得“文化”与“文明”的分际，似乎格外明显。他们用这两个名词的时候，于不言而喻之中，总觉得文明是偏重物质的、外界的，而文化是精神的、内心的。一个民族尽管没有许多物质文明的发明和享用，但是他却有优美文化的表现和享受。人们能在不知不觉里，流露他持身处世的德性，超凡越俗的领会，美丽和谐的心灵，这一切都是民族文化和个人浸淫在自己民族文化里的结果。纵然他没有飞机旅行，没有电梯代步，没有抽水马桶使用，但是我们能不尊重他吗？能说他没有文化吗？

更具体一点说罢。找一个非洲的卜絮曼（Bushman）族的人来，把他放上飞机他一样能旅行，拖上电梯他一样有代步，拉到新式的厕所里他一样能使用抽水马桶，若是教会他如何按那简单机钮的话。但是把他请到欧洲的大美术馆里看拉斐尔（Raphael）的名画，他就要觉得反不如他们山洞里画的马面牛头；到著名的音乐院里听贝多芬（Beethoven）的音乐，他就要觉得反不如他们赛神跳舞时的木钲战鼓；到图书馆里看莎士比亚的名著，他更要觉得不如他们祭司的神符鬼箓。可见文明的结果是容易享受的，而文化的结晶是难于领略的。

若是“文化”这个名词是译西文 culture 这个字的话，我认为不但非常满意，而且格外优越。中国先哲对于人生的教育和社会的文化，是认为要文质并重的。“质胜文则野”是孔子的名言。必须要“文质彬彬”，然后能成为“君子”。这个“文”字有很博大的意义，包括丰富的生活方式在内，决不是“文绉绉”的“文章之士”所可窃为己有的。“化”字的意义尤妙。圣哲固须达到“大而化之”的境界，就是普通的人也可以受到潜移默化的影响。可见文化是弥漫浸淫在整个民族之内的，更非一个特殊阶级的人所可假借。文化是民族心灵的结晶，文化也是民族精神方面的慈母。要提高民族道德，非提高民族文化不可。道德虽然可以说是文化的一部分，但是他却是硬性的、直径的部分，文化的全部是含煦覆育，如春阳一般，温暖到每个人内心的。

我们要每个人都能注重到文化的修养，从而扩大到整个民族文化的修养。这是没有问题的。现在的问题是如何能进行个人文化的修养。

当然学问是修养的要素。中国古话说“学问深时意气平”，正是学问能影响修养的一种表白。当然经验是修养必经的过程，不经过种种的磨炼和波折，哪能陶镕出人生真正的修养？然而我现在着重的不是这显然的真理，只是大家当是忽略的部分——情感，也可以说是由情感影响到心灵的部分。

要陶冶情感，莫善于美的教育，所以我从这方面提出三件特别有关美育的文化来讲。

且让我先谈文学的修养。文学不仅是说理的，而且是抒情的；不仅是知识的凝合，而且是愿望的表现；不仅是个性的暴露，而且是悲欢的同感；不仅是通情达意的语言，而且是珠圆玉润的美术。文学不仅可作发扬情绪的烈焰，而且可作洗涤心灵的净水。“诗可以兴，可以观，可以群，可以怨”，只不过是昔圣对于一部分文学的赞美。文学是要提高人生“兴趣”（taste）的；真有修养的文学家，有些事决不肯干；他却不是持道学家的态度而不去干，乃是因其属于低等兴趣而不屑干。所以真正的文学修养可以提高行为标准。最好的文学家是他人想说而说不出的话，他能说得恰到好处；他人表现不出的情绪，他能表现得尽情惬意，使人家难得到其他的方式表现。没有经过退守南京、展转入川的人，不能体会到杜少陵“夔府孤城落日斜，每依北斗望京华”两句诗的妙处。许多受难同胞有过家破人亡痛苦的，读到白香山“田园寥落干戈后，骨肉流离道路中”的句子，也一定感觉到这种痛苦的经验，不只是我们现代的人才有的。战争时代的烦闷，若是得到古人与我们心心相印，俱有同感，也就因此舒畅多了。只是创造文学困难，欣赏文学也不容易。遇到好的文学作品，必须口诵心维，到口中念念有词的境界，才能心领神会。孔子说“依于仁，游于艺”，这游字最妙。所以对于优美的文艺作品，应当把自己的心灵深入进去，和鱼在水里一样，悠哉游哉，才能真有领悟。现在的青年日日处于甚嚣尘上，苟能得到一点文学的修养，一定可以消除烦闷的。学社会科学的人应当以文学培养心灵，学自然和应用科学的人尤其应当如此。天天弄计算，弄构造，而无优美文学作精神上的调剂，必致情感干枯、脑筋迟钝、性情暴躁而不自觉。文学的甘泉，是能为你的心灵，培养新的萌芽的。

进而讲到音乐的修养。音乐不仅是娱耳的。音乐是心里发出来的一种特殊语言，有节奏有旋律的语言，和谐而美丽的语言。他是联贯许多感觉、概念、意境，而以有波动的音节发出来的。雍门琴引说，“须坐听吾琴之所言”，正是这个微妙的道理。中国从前礼乐并称，因为礼与乐是联起来的。后来礼乐分家，所以礼沦为干燥的仪式。本来是活泼泼有节奏的动作规律，后来变为死板无生命的赞礼单子。原来文学与音乐也是合在一起的，所以上古的人可以抚琴而歌。到宋朝饮井水处都可以歌柳屯田词；豪放的名士可以用铜琶铁板唱大江东去。姜白石的“自作新词韵最娇，小红低唱我吹箫”是更柔性的了。乃自南宋以后，诗词与音乐又分了家，这实在是文学上一大损失，也是民族的文化修养上一大损失。文学的流行不普遍，正在于此。譬如歌德在德国文学上和一般国民文化上的影响大极了；但是请问现在的德国人之中，有几个读过歌德全集或是他重要的作品？然而歌德的诗，山边海曲，田舍渔庄里都有人唱，这正是因为他谱成了音乐的缘故。中国音乐只有旋律（melody）而无和声（harmony），因此感觉单调。所以只有川戏中满台打锣鼓的人来“帮腔”，而不能有男女高低音配合得很和谐的“四部合奏”。前二十年西洋音乐，是经过日本转手——不高明的手——递过中国来的，所谱的大都是简单的靡靡之音。抗战以来，国人的音乐兴趣转浓，从事音乐的人也转多，是一件可欣慰的现象。但是一般还是粗糙简单，不免截头去尾的模仿。有意的高亢，时或闻之；而浑成曲折的乐章，很少听见。其中还有以“小放牛”一类的小调之音，谱为抗战歌曲，听了令人神经麻痹。现在中国的音乐教育，正可因为大家音乐兴趣转浓而提高，而普及，而改变作风，但是这不是短期内勉强可以做到的事。我们只是存这种希望，要向这条路上走。我希望将来从音乐的节奏与和谐，达到民族精神和行动上的节奏与和谐。

再进而讨论绘事艺术的修养。雕塑和音乐一样，在中国并不发达，但是画却达到了非常之高的成就。这正是因为中国画与中国文学不曾分家。画家的修养与文学家的修养大致相同。中国的画家也大都是文学家。中国向不重视匠画。这分别苏东坡论吴道子、王维画诗，说得最清楚：“吴生虽妙绝，犹以画工论；摩诘得之于象外，有如仙翮谢樊笼。吾观二子俱神俊，又于维也敛衽无间言。”摩诘固然是诗中有画、画中有诗的作家，吴道子也是一位画中杰出的天才，东坡犹于其间有所轩轾，这种好尚的风气，也就可想而见了。画不只是表现自然，而且表现心灵；不仅是表现现实，而且表现意境。若是画只是自然和现实的复写，那有照像就够了，何必要画。但是名画可以百看不厌，而照像则一望就了，正是因为画上的自然和现实是透过心灵而从意境里流露出来的。东坡谓“论画以形似，见与儿童邻”，正是此意。“此谓形之不足，而务肖其神明也。”所以这两句诗断不是现在彪悍的时髦画家，那些画美人说不像于是改成钟馗，说钟馗也不像又可改成怪石的画家，所能假借的。画家不但要有精妙的技巧，而且要有高尚的修养。姜白石说，“人品不高，落墨无法”。同时读画的人，也要有这种修养，才真能心领神会，与画家的心灵融成一片。所以欧阳子说：“萧条淡泊之难画之意，画者得之，览者未必识也。故飞走迟速意浅之物易见，而闲和严静之趣，简远之心难形。”中国名画之难于为一般人所了解，亦由于此。苟能深入，则在尘嚣溷热之中，未始不是一服清凉散。恽南田论山水画说：“出入风雨，舒卷苍翠，模崖范壑，曲折中机。惟有成风之技，乃致冥通之奇。可以悦泽神风，陶铸性器。”真是很精辟独到的话。

当然文化的修养，不只这三方面，凡是可以使人“动心忍性，增益其所不能”的，都有关修养。如祭遵雅歌投壶，谢安石在临阵时还下围棋，都是他们增进修养的方式。只是这三方面的修养，最容易陶冶性灵，调剂情感。

中国文化是最注重修养的。读书的人固要有“书卷气”；就是将官也以“儒将”最能使人敬服，否则只是勇将、战将，不过偏裨之才。在这扰攘偏狭、倾轧排挤的人群中，能有大雅君子，抱着恢扩的襟怀，“汪汪若千顷之波，澄之不清，挠之不浊”，岂不可以赞佩？在这争名夺利、庸俗鄙俚的场合里，能有人如仲长子昌所说“清如水碧，洁如霜雪，轻世贱俗，独立高步”之人，岂不可廉顽立懦？

现在中国文化方面，有一个绝大的危机，就是高尚的中国文化，渐渐的少人了解，而优美的西洋文化同时又不能吸收。纵然学会了西洋一点应用的技术，或是享用物质文明的习惯，但是对于西洋文化在人性上表现的精微美丽之处，丝毫没有得到。中国文学的修养尚且没有，何况西洋文学的修养。向他奏舒伯特（Schubert）、肖邦（Chopin）或瓦格纳（Wagner）的乐谱，自然无动於中，若一闻黑人的“爵士”音乐（Jazz music），便两脚发痒。到外国美术馆去，古画中恐怕只有鲁本斯（Rubens）所画的肥胖裸体女人或者能邀赏鉴，至于透纳（Turner）的落照、柯罗（Corot）的深林，便觉无味了；何况倪云林的枯木竹石、沈石田的漠漠云山呢？纵然也有一部分在都市里的大腹贾和留学生冒充风雅，家里挂一两张吴昌硕，或王一亭的画，以为是必要的陈设，以夸耀于同类的外国人，殊不知外国人之中，也有懂得比他更多的。于是趋时图利的画家，竟以犷猂为有力，以乱抹为传神，于是已达高峰的中国绘画美术，也就有江河日下之势了。这实在是很伤心的事！

我们不能不接受机械文明，我们更不能抹煞工业社会，只是我们的灵魂也要文化的慈母去抚摸他、安慰他。我们可以使物质供我们享用，我们的性灵却不可以像机械一般的轮转。至于粗俗、犷悍、鄙吝、蛮野的恶影响，我们更应当涤荡无遗。

我们要倡导强者文学和主人道德的话，更应当辅之以文化的修养。我们不要忘记，在夹谷会场里剑佩铿锵的圣人，同时也是“温良恭俭让”的君子。

目的与手段

（1939 年）

导读：在罗家伦看来，教育的前提是不能把人当作工具或机器来训练，不能机械地去遵循某种教条，而是要引导被教育者自己去发挥本身的优点。“教育的对象就是生命，教育的目的，就在发展人类的生力、智慧与人格，以引发他生命内潜的价值”，也就是康德所说的，“我们要以人为目的，不以为手段”。

在现代社会里面，无论是中国或外国，都有一个共同的感觉，就是人与人之间，太缺少真挚的感情，到处都是欺骗诡诈、冷酷无情的现象，简直找不到可以互相信赖的坚实基础。甚至亲属朋友之间，彼此心里各怀鬼胎，不能推诚相见。一切人类社会的契约和道德规范，都只流为纸上空谈，任意的可以被破坏或背叛。国际间签订的条约，尽管签订时认为神圣庄严，签字的金笔被保存起来作永久的纪念，但是签订以后，谁知道在什么时候不被野心国家所撕毁，作为字纸篓里的废纸？在这种“尔虞我诈”、不讲信义的社会里，大家只知互相利用，以人为工具，所以浑厚敦朴之风，早已荡然无存，甚至人人感觉到四周都是敌人，务算小心提防，真如芒刺在背，寝馈难安。这种现象，是何等惨酷，何等可怕！

这种惨痛可怕的现象，是如何产生的？他产生的主要原因是在什么地方呢？

原因当然很多，但我以为最主要的却有两个。第一便是工具文明发达的影响。自从工业革命以后，人类的生活，全靠利用机器，以求满足；人们天天所接触的，差不多全是机器，全是可供利用的物。因此这种物的观念，遂不知不觉的浸淫于人类的脑海。物既可以利用，为什么人不可以利用？于是原来用以对付物的态度和方法，就渐渐拿来对付人，把人也当作工具或手段来利用了。不知机器是无生命的，而人却是有生命的——不但有生命，而且有理智，有感情。老子说：“天地不仁，以万物为刍狗。”现在自命为万物之灵的人，也成为刍狗了。拿人当作物看，本不自今日始。古时野蛮民族，就往往以人作祭神的牺牲品，所谓“衅鼓”“衅钟”，都是把人当作牛羊一般看待的事实。到了现在的文明社会，虽不再拿人去祭神，但因受了工具文明发达的影响，更进一步把人当作祭人，祭人的欲望的牺牲品了！

其次便是近代政治斗争中运用策略的结果。政治的目的，本来在求公道。政治的天秤，就是人的平衡。政治是提高人性的，不是摧残人性的，更不是把人性变为兽性的。但是近代的政治，却大都成为钩心斗角，倾轧排挤，不择手段，甚至以人为工具的场合。在政治社会里面，有许多利用人的人，以能利用人为得意。他往往利用别人到某一阶段，等到被利用者在这阶段的功用过去以后，不但把他一脚踢开，弃如敝屣，甚至于还要屠杀净尽，方才快心。“飞鸟尽，良弓藏，狡兔死，走狗烹，敌国破，谋臣亡。”这几句话就是近代政治残酷性的写照。历史上“韩彭菹醢”的故事，到了近代，还要多，还要厉害。我不久以前，看到一份欧洲的报纸，上面画着一幅关于某国政治家的讽刺画，画他手里拿了一个镜子，一面照着自己的容颜，一面叹息道："某月革命的人，现在只剩我一个了！"这是何等的悲哀！因此之故，所以在政治上活动的人物，往往只有二等以下的角色，才能勉强自存。无怪十九世纪英国政治思想家莫利（John Morley）说道："政治场中，次好的每当首选。"更无怪有人说："在政治上，一条直线是两点中最远的距离！"这又是何等深刻的批评！在外国选举的时候，于投票以前，竞选的人为了得票的关系，不惜在穷街陋巷之中，抱着流鼻涕的孩子香香面孔，以求取得他母亲的票。但等当选以后，谁还认识，谁还理会这讨厌的孩子？这种种的表现，都是象征人性的堕落。政治策略！政治策略！你不知道戕害了多少生命！遗误了多少青年！降低了多少人性！

由于这两个重要原因，所以就必然产生了下面几种恶果：

第一是真挚天性的毁灭。真挚的天性，是人生最可宝贵的一件东西。人与人之间，要能以诚相见，以真挚相处，才能彼此信任，相安无事，而达到所谓“忘机”的境界。假如各人存着机心，则“尔虞我诈”，互相猜忌，必致大家互相提防，互相警备；甚至别人眉眼一动，就疑心他有害我的意思。在这种“四面楚歌”的情形之下，人生优美的灵性，便完全丧失，哪里还会有什么人生的乐趣！

第二是社会团结的脆弱。社会的团结，应以个人的团结为基础。个人与个人团结不坚，则社会的团结便无从说起。“刑于寡妻，至于兄弟，以御于家邦。”假如在自己的夫妇兄弟之间，尚且不能互相信赖，何况对于大的社会？残害自己的骨肉，以表现忠实于团体，是绝对不近人情的事，他决不能忠实于他献媚的团体。这与吴起杀妻求将，是同样卑劣的心理。听说八九年前某省的军人请客，客人虽少，但设筵的房间不能不预备一个最大的，因为每个客人的后面，都要站着一排各自带来的盒子炮兵。这真是古代“鸿门宴”的格调！我想在座的人，纵有八珍在前，难道可以吃得甘味吗？我们要知道社会的团结，在于互信。假如人人各怀鬼胎，存心计算，那一定会弄到“季孙之忧，不在颛臾，而在萧墙之内”的现象。这种社会一定是不稳固的。假设有几个人聚在一起，便要商量如何对付另外几个人；他们对付另外几个人的手段是有效了，然而又安知施之于他人者不会施之于自己？恐怕“尤而效之，罪又甚焉”！既有曹操之篡汉，安得不有司马之篡曹？司马之篡曹，可说是当然的事。这种风气，实在是长不得的！

第三是发生人格上不可补救的缺陷。人格是整个的、继续的，是不容玷污的。人格一有缺陷，即不易恢复完整，悔也是来不及的。因为许多人的坏行为，往往都是由于坏习惯所养成。习惯的力量大极了。心理学家哲姆士论习惯，引一个老虎进笼的故事为证。一个马戏班子的老虎不幸出笼了，大家都起恐慌，无法降服，后来班主心生一计，把笼子抬在老虎面前，那老虎就俯首帖耳的走进去了。这就是所谓习惯成自然。大凡人类的行为，只要多做几次，也会像水一样，形成一种惯流之道（channel），以后就会不知不觉的照着做去的。说谎的人，一次说谎，二次随之，以后脱口而出的无一非谎。等到说谎话成为习惯，即使明知说谎是坏事，也不容易改正。习于任何诈欺虚伪的人，莫不如此。这种在人格上的损失，是不可估计的。

第四是人生乐趣的减少以至于消灭。人生的目的，不只在求物质的享受，而且在求精神的安慰。假如四周都是敌人，处处都是荆棘，时时要小心提防，那就痛苦不堪了。还有什么人生乐趣可言？而且自己要做坏事的人，因为自己要用许多心计，痛苦也随之增加。譬如说谎的人，必须要想出一大套，以自圆其谎，这已经够苦了；一旦被人拆穿，便觉得从此不能做人，或被人看不起，其痛苦更甚。西洋人有句俗语说："诚实是最好的政策。"（Honesty is the best policy.）其实诚实并不是"政策"；如果说他是政策，或是最好的政策，那倒不如说他是最简单的政策（Honesty is the simplest policy.）。他虽然是简单，他却是最能颠扑不破。他不但比任何巧妙的谎还要圆满，他更能使奉行他的人心安梦宁。他是天下之至拙，也是天下之至巧！

以上所说的这些错误和痛苦，有没有方法可以挽回呢？我以为还是有的，但是要从根本上对人生的意义和宇宙进化的原则，有一番新的认识和审定。

首先我们应了解人不是机械。机械是无理智、无情感的，而人却不然——不但有理智，而且有情感。这种情感弥漫充塞于整个的宇宙，人生须靠他才能调整，才能谐和。我们知道在化学方面，有所谓“爱力”（affinity），在物理学方面，也有所谓“引力”（gravitation），而在人类方面，和这些相当的，便是感情。男女之间要讲恋爱，乃是这种感情自然流露的一端。其实何止男女，无论任何人，相处谁不需要感情？在现代往往有一女子爱上一男子，并不是为了爱情，而是为了多得一笔财产或遗产的事实。在国际上，还有刺探他国政治军事秘密的男女间谍，不惜牺牲个人的色相或身体，以求情报的取得，等到取得以后，不但把对方抛弃，甚至加以杀害。这是近来不为稀有的现象。可见感情中如果带有手段，则衽席之间就是干矛。不过，这些特殊的事实，终当看作例外。这是人性的堕落和变态，而不是人性的本质和正常。我相信人类终究是富有感情的。唯其富有感情，所以人才不是机械，不能当作工具利用；也唯其富有感情，所以人生才能发展、调整、谐和，以达于美满的理想境地。

其次，我们还应明了宇宙进化的真义。宇宙是不断进化的。但这种进化，有没有最后的止境呢？我说是没有的。

这不是我说的话，是近代科学说的话。若是有止境，才有最后的目的，才有一劳永逸的境界，才可以说到“为目的不择手段”（End justifies means.）这句话。但是这是错误的，这是不合宇宙进化真义的。进化是无穷尽，无止境的；若是能达到最后的目的，宇宙人生的进化就停止了。停止的状态，无论假想到如何完善，却是如何的沉闷，如何的刻板，如何的无意义！我们应该知道目的只是我们自己创造的理想。无论世界上哪位伟大的哲学家，能画得出、写得尽一个最后理想的境界来吗？理想不过是在某一阶段中自己悬着的一个目标，好像是夜间长路上的灯笼，自己点的；前进一段，更照见一段的前程。更好像探照灯一样，射穿一道云层，还有一道云层，云层之上，还有太空。时间的书中，页子是翻不完的。经过一个阶段，又有新的理想产生，人生作不断理想的追求，才有兴会，才有乐趣，这不是徒劳无功，这是人生在宇宙进化程序中的适应，也是他实现自我价值以求满足与进步的唯一方式。宇宙无终了，人生无终了，历史也无终了。每个阶段都是真实的，所以每个阶段都不容忽视，不能看作无关轻重，无本身价值的手段。进化也不是无中生有的，不是能抹杀一切的。进化就是变，不断的变，所谓革命不过是进化途中的一个大踏步——有意识的大踏步，而并非最后的阶段。一切革命的年代，如所谓一七八九年的法国革命、一八四八年的欧洲革命、一九一七年的俄国革命等，也不过是历史学家为研究便利起见，用来表示这大踏步的符号。并不是说这个年代一过，什么都改变了。具体一点来说，难道巴士底监狱一陷落，法兰西人民全都变过了吗？不！不！历史告诉我们许多事实不是这样的。既然不是这样的，则为革命可以不择手段的话，自然不攻自破了！

从整个进化的系统来看，目的与手段是不可分的。因为在每个阶段，每个人，每件事，都有他本身的价值。从进步的眼光来看，——进步是依着人类所悬的理想而前进之谓——则每个人同时是目的也是手段。因此我们人生有两种价值：一种是工具的价值（instrumental value），一种是本身的价值（intrinsic value）。工具的价值是我们对他人对后来说的。我们的生命，我们的事业，必须好好的过去，好好的成就，以为来日人家继续踏步前进，发扬光大的基础。假使我们倒在半路死了，我们的白骨，也为后来者在前进的路上，当一块踏脚的石板。本身的价值是我们对自己的认定。就是我们把自己当作前进途中的一块石板，这块石板也要完整、坚实、美丽，完成他石板的本性。假如我们是演戏，那我们演的便是义务戏，不问卖的票多少，自己有无收入，我们总得卖尽气力去演。唯有在这演戏的艺术里，我们可以表现自己的天才，寻着自己的乐趣。工具的价值是我们对于人类贡献时的服务态度，本身的价值是自己的自尊和对于他人的尊重。两种价值的估计，缺一不可。自己把自己当作单纯的工具，未免把自己的人生看得太轻了。自己把人家看作工具，那好像《三国演义》上酒醉后的典韦，一手抓一个小兵，飞舞似的来当武器，岂不是太残酷了吗？

所以我们是不能，也不应，把人当工具，当手段。不把人当工具，所以才有教育，才有教育的可能。不然，拿人当机械——机械是最完整的工具——看待，世界上哪有教机器的教育？教育要注重引导被教育者自己去发挥本身的优点。此正所谓“万物皆备于我矣，反身而诚”的意思。

在德文里面，教育称为“erziehung”，也带着“引出”或“拉出”的意义。这便是承认被教的人是有本身的价值的，否则教育就不会有意义、有效果。教育的对象就是生命，教育的目的，就在发展人类的生力、智慧与人格，以引发他生命内潜的价值，使其同时在整个宇宙之中，与他部分相和谐，谋共进。所以教育不是准备生命的，教育本身也就是生命。康德说：“我们要以人为目的，不以为手段。”这固且是教育里颠扑不破的格言，同时也是现在机诈残酷的政治社会中所一刻不能忘记的真理。

《文化教育与青年》自序

（1942 年）

导读：罗家伦指出现代化国家的建设与青年的密切关系，指出文化教育付诸青年的积极作用，同时希望在思想文化建设中能实现自己的理想抱负。

中国的出路在现代化。我们建国要建立现代的国家。这是不移不易的真理。但是要建立现代的国家，必须国人有现代化的观念。二十几年来我不断向着这方面努力。我的文字不能也不曾开发现代化各部分的观念，只可以说是接触到有些现代化的观念。虽是涓滴，希望能汇合到这奔腾的主流。

中国的前途系于青年。青年的蓓蕾，要靠教育来培养，文化来涵煦，才能为民族开放出鲜艳的花朵。因此，我们要给青年以启发前进的教育，更要为民族创造独立有机的文化。青年是有理想的，我们要激发他的理想；青年是有智慧的，我们要浚沦他的智慧；青年是有热忱的，我们能唤起他热忱的只有热忱。

自从北伐时期亲历济南事变以后，我即亲切感觉到中日大战的不能避免。自九一八事变以后，我愈加强了这感觉，并且心目中常悬着一幅太平洋大战的图影。五年多的抗战，更受着文化播迁、学府轰炸的痛苦。若是我写作和演讲时有这方面的强调，民族和世界的历史，可以证明我不曾作无病的呻吟。而且要民族复兴，世界安定，我以前的强调还得加强。

近年来常有教育界的人士，尤其是在我手上毕业的学生在大中学任教的,写信问我某篇文章或某篇演讲的稿子，何处有印成的，可以供给他们作参考，或是作青年读物。时光真快！我自民国八年编辑《新潮》到现在，写文章的时间将及一个世纪的四分之一了。我的积稿到二百万字，所涉范围甚广。但是因为频年乱离的关系，自己经手搜集，已有若干篇无从找到。当然要一齐重印，在战时是不可能和不必要，而且其中有我自己绝对不愿再印的。于是我接受王云五先生的意见，按照文字的性质，分类印出一部分来。这本《文化教育与青年》，就是其中之一种。

这本集刊里有一部分是我在清华大学、中央政治学校和中央大学负责时的演讲。虽然是在某校所讲，但也是为一般知识分子和青年而讲。中国的青年是不因所在的学校而有分别的。许多学术和民族前途的问题是大家公共的问题。我还保存演讲的口吻。我感觉到在讲台上讲的话，比在桌子上写的文章有一种优点，就是在桌子上写文章的对象——读者——当时是抽象的，而在讲台上演讲时的对象——听者——当时是具体的。他们的音容，随时表现他们心灵的反应。他们的反应又回射到讲话人的情绪和思想的组织上。在本书所印的演讲中，有几篇我应当特别感谢几位同学，因为他们的纪录，为我保留着当时思想的组织和说话的词令。如清华大学的牟乃祚先生，中央政校的马星野先生、萧乃华先生、萧自诚先生，中央大学的韩德培先生。他们不但学有专长，而且有锐敏的理解和优美的文字。其中牟乃祚先生回国后的早死，与萧乃华先生在西安事变时的殉难，至今使我伤感无穷！

我的文字无特长；只是我的性格，我的习惯，使我不作敷衍应酬的文章。我说的每句话是我内心所要说的话，我写的每篇文章是经我自己笔尖写定的稿子。

诙谐的吴稚晖先生是有青年精神的人，但是他自嘲的说道：“回回坐上座，步步进祠堂。”我因为十五、六年从事大学教育的关系，学生颇多，所以坐上座的机会常有，而进祠堂的心理却没有。我相信我还保持着二十几年前《新潮》时候的青年精神。多年来我接近最多的是知识分子和青年。我敬重知识分子，我尤爱青年。我愿伴着青年向前看，不向后看！

在物理学上，把一块石子投入大海之中，他起的波动，若是无阻碍，不消蚀，是永远可以扩大的。思想难道不是这样？我愿意把这块小小的石子，投向不断创造的时空。

梅贻琦

第一批庚款留美学生，1914 年，由美国伍斯特理工学院学成归国。历任清华学校教员、物理系教授、教务长等职，1931 年至 1948 年，任国立清华大学校长。被称为“清华永远的校长”。

清华学校的教育方针

（1927 年）

导读： 梅贻琦论述的清华大学教育方针主要包括几个方面：一、根据清华大学自身的环境和特点来设置专业和教学计划；二、大一学习基础课程，大二开始选修专业课，但在专业课学习之外，则鼓励学生广泛涉猎知识，专精和博学并重；三、清华大学的学生不仅要修满学分，还要通过测验才能顺利毕业；四、重视体育教育，体育不及格则不能毕业，注重强健学生体魄。

清华学校自民国前一年开办以来，至民国十四年夏间，系专为预备学生留美而设，至是年秋，始设大学部，其教育方针为之一变。在专办预备留美时期，校内之问题简单，学程要以使学生程度适合于美国大学制度为准。今该部学生尚有两班，不久将行结束。大学部开办于今，二年有半，事属初创，计划多未周备，然将来尽全校之力以谋发展，则数年之后，或将有所贡献于社会。兹将清华设立大学部之方针，约略述之，以为关心清华者鉴察焉。

清华大学之教育方针：清华大学之教育方针，概括言之，可谓为造就专门人才，以供社会建设之用。此目的约无以异于其他大学。但各校因处境之不同，或主张有别，则其所取途径亦自各异。清华之设大学，其一切计划，亦以应时代与环境之需要，以求达此目的而已。

学系之设立：就社会之需要言，各科人才，当皆为重要，但各系有为他校所已办，而成绩优良无须更设者；有因科门之性质不宜设立于清华者；亦有因一时设备难周须逐渐开办者，故本校现定有十系之专修学程。此十系计为国文学系、西文学系、历史学系、政治学系、经济学系、物理学系、化学系、生物学系、教育心理学系、工程学系。十系之属于普通所谓文理科者，为前列之八系；其属于职工专修者，则有教育与工程二系。盖其他各系暂时未能设立之原因，不外以上所述之一，然商业系附于经济系，心理则与教育合组，至农业之不设专修学程者，因近查农业大学及专门学校之毕业生，多不适于改良农事之工作，使供与求不能洽合，故农系暂不设专修学程而致力于农业问题之研究。今年夏间与中华平民教育促进会商定加入定县华北农业科学试验场之工作，近且于邻近一二校，商量合办农业简易科，庶将来学生于毕业时，能各归乡里，实做改良农田之事业，此皆变更常规之处，求所以应社会之需要也。

工程系学科之组织，亦有与外间不同者。盖今日社会上所需要之工程人才，不贵乎专技之长，而以普通基本的工程训练为最有用。是以本校设立工程系之始，即以此为原则。凡工程学之基本知识，或属于机械，或关乎电理，或为土木建筑之要义，使学生皆得有确切的了解，及运用之能力，俾将来在社会遇凡关工程问题，皆能有相当的应付；且工程事业往往一事关系数门，非简单属于某一门者，在今日中国之工商界中，能邀致数专家以经业一事者甚少，大多数则只聘一工程师而望其无所不能。斯故本校之工程学程中，认普通之基本训练较若干繁细之专门研究为重要也。

学程之规定：清华大学学程为期四年，其第一年专用于文字工具之预备及自然科学与社会科学之普通训练，其目的在使学生勿囿于一途，而得旁涉他门，以见知识之为物，原系综合联贯的，吾人虽强为划分，然其在理想上相关连相辅助之处，凡曾受大学教育者不可不知也。学生自第二年以后，得选定专修学系以从事于专门之研究，然各系规定课程，多不取严格的限制，在每专系必修课程之外，多予学生时间，使与教授商酌，得因其性之所近，业之所涉，以旁习他系之科目。盖求学固贵乎专精，然而狭隘之弊与宽泛同，故不可不防。

毕业考试：专修学程四年修毕矣，所得学分足数矣，然而学生对于其所专修之学科是否已有系统的了解，贯彻的领悟，而能用其所学以应社会之需要，是不可不预为之测验。故各系学生于毕业之前，须受该系之毕业考试，考试及格，方为毕业，不然，虽已得限定之学分，只能认为已修毕某某课程若干门，而于某系之专门学识，非实有所得也。此法在英国及欧陆各国，行之已久；美国大学，近七八年来，渐多采用，以补救选课制之弊。中国行此制者尚少，在清华试行之初，办法与范围，尚须详慎拟定。总之，其目的非欲使其考者多经此一番烦恼，实欲藉师生之合作，以达此目标，庶知诸生所学较有把握耳。

体育：清华大学学程中尚有重要之一部，是为体育。凡在校诸生，每学期皆为必修，学分固不算在学分总数之内，然非体育及格者，不得与毕业考试。盖清华自近七八年以来，已舍其选手锦标之目的，而注意于各个学生之健康。观一二球队比赛之胜负，因无以知一般学生体育之如何，故必使在校各个学生，皆得受相当之训练，使其体力增长，能应将来做事之需要，而毋为心知之累，斯为体育之真目的，斯为在校学生人人必须注意之工作。至于选手比赛，所以使队员练习团体的合作守法的习惯，亦自有其价值在，然校际竞赛，往往过注意于结果之胜负，而忽视此竞赛之重要意义，乃使参加者与旁观者所受之训练，竟害多而利少，故今日学校体育之大目的，当在彼不在此也。

此外，如大学院之设立，及留美公开考试之举行，皆为清华大学发展之重要部分，将来当量度情形，逐渐进行。至详细规划，尚有待于当局之审定，兹篇不多及也。

大学的目的

（1931 年）

导读：1931 年 10 月，梅贻琦先生就任清华校长。12 月 3 日，在就职演说中他阐述了自己的一些办学理念。比如，“办大学，应有两种目的：一是研究学术；二是造就人才”，“造就人才，但是我们同时也要注意到利用人才”，更留下了教育界的至理名言：“所谓大学者，非谓有大楼之谓也，有大师之谓也”。

本人离开清华，已有三年多的时期。今天在场的诸位，恐怕只有很少数的人认识我罢。我今天看出诸位里面，有许多女同学，这是从前我在清华的时候所没有的。我还记得我从前在清华负责的时候，就有许多同学向我请求，开放女禁，招收女生。我当时的回复说，招收女生这件事，在原则上我是赞成的，不过在事实上，我认为尚需有待。因为男女的性别不同，有许多方面，必须有特别的准备，所以必须经过相当的筹备，方能举办。现在在我出国的三年内，当然准备齐全，所以今天有许多女同学在内，这是本人所深以为慰的。

本人能够回到清华，当然是极高兴、极快慰的事。可是想到责任之重大，诚恐不能胜任，所以一再请辞，无奈政府方面，不能邀准，而且本人与清华已有十余年的关系，又享受过清华留学的利益，则为清华服务，乃是应尽的义务，所以只得勉力去做，但求能够尽自己的心力，为清华谋相当的发展，将来可告无罪于清华足矣。

清华这些年来，在发展上可算已有了相当的规模。本人因为出国已逾三年，最近的情形不很熟悉，所以现在也没有什么具体的意见可说。现在姑且把我对于今后的清华，所抱的希望，略为说一说。

一、我先谈一谈清华的经济问题。清华的经济，在国内总算是特别的好，特别的幸运。如果拿外国大学的情形比起来，当然相差甚远，譬如哥伦比亚大学本年的预算，共有三千六百万美金，较之清华，相差不知多少。但比较国内的其他大学，清华的经济，总不能算少，而且比较稳定了。我们对于经济问题，有两个方针，就是基金的增加和保存。我们总希望清华的基金能够日渐增多，并且十分安全，不至动摇清华的前途。然而我们对于目前的必需，也不能因为求基金的增加而忽视，应当用的我们也还得要用。不过用的时候总要力图撙节与经济罢了。

二、我希望清华今后仍然保持他的特殊地位，不使堕落。我所谓特殊地位，并不是说清华要享受什么特殊的权利，我的意思是要清华在学术的研究上，应该有特殊的成就，我希望清华在学术研究方面应向高深专精的方面去做。办学校，特别是办大学，应有两种目的：一是研究学术；二是造就人才。清华的经济和环境，很可以实现这两种目的，所以我们要向这方面努力。有人往往拿量的发展，来估定教育费的经济与否，这是很有商量的余地的。因为学术的造诣，是不能以数量计较的。我们要向高深研究的方向去做，必须有两个必备的条件：其一是设备；其二是教授。设备这一层，比较容易办到，我们只要有钱，而且肯把钱用在这方面，就不难办到。可是教授就难了。一个大学之所以为大学，全在于有没有好教授。孟子说：“所谓故国者，非谓有乔木之谓也，有世臣之谓也”。我现在可以仿照说：“所谓大学者，非谓有大楼之谓也，有大师之谓也”。我们的智识，固有赖于教授的教导指点，就是我们的精神修养，亦全赖有教授的 inspiration。但是这样的好教授，决不是一朝一夕所可罗致的。我们只有随时随地留意延揽而已。同时对于在校的教授，我们应该尊敬，这也是招致的一法。

三、我们固然要造就人才，但是我们同时也要注意到利用人才。就拿清华说罢，清华的旧同学，其中有很多人才，而且还有不少杰出的人才，但是回国之后，很少能够适当利用的。多半是用非所学，甚且有学而不用的，这是多么浪费——人才浪费——的一件事。我们今后对于本校的毕业生，应该在这方面多加注意。

四、清华向来有一种俭朴好学的风气，这种良好的校风，我希望今后仍然保持着。清华从前在外间有一个贵族学校的名声，但是这是外界不明真相的结果，实际的清华，是非常俭朴的。从前清华的学生，只有少数的学生是富家子弟，而大多数的学生，却是非常俭朴的。平日在校，多是布衣布服、棉布鞋，毫无纨绔习气。我希望清华今后仍然保持这种良好的校风。

五、最后我不能不谈一谈国事。中国现在的确是到了紧急关头，凡是国民一分子，不能不关心的。不过我们要知道救国的方法极多，救国又不是一天的事。我们只要看日本对于图谋中国的情形，就可以知道了。日本田中的奏折，诸位都看过了，你看他们那种处心积虑的处在，就该知道我们救国事业的困难了。我们现在，只要谨记住国家这种危急的情势，刻刻不忘了救国的重责，各人在自己的地位上，尽自己的力，则若干时期之后，自能达到救国的目的了。我们做教师做学生的，最好最切实的救国方法，就是致力学术，造成有用人才，将来为国家服务。

今天所说的，就只这几点，将来对于学校进行事项，日后再与诸君商榷。

大学的意义

（1932 年）

导读：梅贻琦在本文中提出了他对大学生的一些期望，即要胸怀大志、不要贪图安逸，争取四年之后学有所成、报效国家。

今年吾们欢迎新到校的同学，觉着更有些意义，因为今年新来的一班比往年哪一班的人数都多；还因为当这国家多难的时期，又在一个很有危险性的地域之内，竟有这么多的青年来同吾们做学问，所以吾们这次欢迎诸君亦比欢迎往年新同学的时候，更觉欣慰。

吾们相信一个大学，不必以学生人数的多少征验他的成绩好坏，或是评定他的效率大小，不过在人数还不太多的时候，吾们很愿意尽量的录取，为的是可以多给些青年以求学的机会。所以既本着这个意思，又因为北平几校今夏不招考，吾们这次录取的人数不只是多，实是逾量的多了。吾们那时是鉴于往年录取新生，总有数十人不到校，所以按照宿舍现有容量，多加了二成，作为新生名额，万一诸君到校的超乎吾们所计算的人数之外，吾们当然不能拒绝,不过宿舍一切,大家都要多挤些,暂时从权些才好。

诸君大部分是由中学毕业出来的，一小部分是由别的大学转来的。大学与中学的办法不同；就是同是大学，各校的政策、风气亦有很多不同之点。本校的历史与本校的方针计划不久可以有机会与诸君谈谈，现在当诸君初入这个校园的时候，吾有几句话愿意先同诸位说一说：

一、诸君由中学出来再入一个大学，想研究些高深学术，这个志向是可贵的。诸君入了大学，还要父兄供给四年的费用，这件事在今日，就大多数而论是很不容易的；况且就今年说，诸君每一个人考取了，便有六七个未曾取上，这个机会亦算是难得的。那么诸君到校之后，千万要抱定这个志向，努力用功，不要让这个好机会轻轻错过。清华在中国可以算是一个较好的大学，固然他的不完备的地方，亦还很多，诸君到这里，吾们盼望不必太注意风景的良好、食住的舒适。诸君要多注意在吾们为诸君求学的设备，并能将这个机会充分的利用。

二、清华的风气向来是纯净好学的，这亦可以说是因为地势处在乡间，少受城市里的牵动，其实大原因还是在本校师生一向注重学问，顾全大局，所以虽亦经过几次风波，大家的学业未曾间断，这是在国内今日很难得的现象。但是一个学校的风气养成很难，破坏却很容易，诸君现在已是清华一分子，在今后四年内，诸君的行动要影响到清华风气的转移的一定不少，吾们盼望诸君能爱护他、保持他、改良他。吾说“改良”，因为吾们知道还有许多地方是不整齐，或是大家还没有十分注意的。在一个大团体里虽是很小的事（在一个人独居的时候，很不必注意的），倘若随便起来，也许发生很坏的影响。所以如同宿舍的安静、食堂的整洁，以及图书馆的秩序，虽都是课外的问题，亦于大家的精神上很有关系，为公众利益起见，各个人都应当特别注意。

三、吾们在今日讲学问，如果完全离开人民社会的问题，实在太空泛了，在现在国家处于内忧外患紧迫的情形之下，特别是热血的青年们，怎能不关心？怎能不着急？但是只有热心是不能于国家有真正补助的。诸君到学校来正是为从学问里研求拯救国家的方法，同时使个人受一种专门服务的训练，那么在这个时期内，诸君要拿出恳求的精神，切实去研究。思想要独立，态度要谦虚，不要盲从，不要躁进，吾们以前吃亏的地方，多半是由于事实没认清楚，拿半熟的主义去作试验，仿佛吃半熟的果子，不但于身体无益处，反倒肚子痛。古人有一句话说："七年之病，求三年之艾，苟为不畜，终身不得"。这个意思，吾们可以引用。就是吾们要解决的中国的大问题，并不是一两月或一两年的事，虽然是急难当前，吾们青年人还是要安心耐性，脚踏实地的一步一步去探讨。如果四年之后，诸君每人能得到一种学识或技能，在社会上成一有用人才，可以帮助国家解决一部分的困难，诸君才算对得起自己，对得起社会，这亦就是吾们向诸君所最希望的。

教授的责任

（1932 年）

导读：本文是梅贻琦在 1932 年清华大学开学典礼上的讲话，他认为教授们不仅要教学问，也要教学生如何做人。

今天是本校本学年开始上课的一天，新旧教授及新旧同学到校不久。今天藉行开学礼的机会，使师生们大家聚会见面，同时各同学可以领略各位教授的教言，这是我们最可欢欣的事。本校在过去一年间，正值国难临头、风云紧急的时期，但国势虽如此危亟，本校校务、功课各方面，均尚能照常进行，未因时局关系，而致稍有停滞，此诚值得我们庆幸自慰的。至于本学年未来之一年中，能否仍照这样安安静静的读书，此时自不可知，此后唯有大家在校一天，各人本其职务上应当做的事，努力尽其责任而已。

现在藉此聚会，要与诸君略谈几点。因为清华就表面上看去，见其学者来校教书之日众，建筑设备之渐增，似乎大有蒸蒸日上之概。但考诸实际，亦自有其困难，及其危机之存在：

一、本校经费，向来稳固，大家从未虑到有何意外之发生。不意今春政府因财政竭蹶，停付英美庚款一年，本校经费来源，即为美国退还庚款之一部。今停付一年，见诸实行，本校立即蒙受影响。当此事发生后，经本人向政府商榷的结果，在此一年间，借给本校维持费国币一百万元。唯因所入不敷所出，即有种种困难发生，只得将可节减者设法节减；可延缓者暂行延缓。其他仍须按照计划渐次进行，总期必要举办、不可或缓者，不使感受影响。现有唯一之希望，只求满一年后，庚款照常支付，本校始可赖以维持进展。如果不然，则大家殊难抱乐观。因本校经费，维持美退庚款拨充，不另受政府资助，已如上言。每月庚款收入项下，除支付学校经费及留美经费外，其尤关紧要者，即此后本校基金之积存，端赖以后数年中之美国退款之余款拨充。倘一年以后庚款再有问题，则基金成立困难，而学校根本动摇，所谓危机即在此。

二、即本校今年收录新生之多，为历年所未有。各地学校或受时局影响，或缘特殊原因，使一般青年求学问题发生困难。故今年投考本校者，亦较前激增。本校尽力之所及，特别增加名额，俾多于外间同学一求学机会。现在新同学，竟占全体学生三分之一，其中因素因习惯之不同，以及所受训习之各异，在团体中难免有参差不齐之处，希望新旧两方面融合起来，共同保持清华以往的良好的学风。我们也相信清华也有很多应行改良之处，我们亦要设法纠正，其固有之优点，大家亦要爱护保持，一方面要靠旧同学随时检点，来作榜样，同时还希望新同学大家多多注意自勉。

三、本校一年以来，有些新的发展。例如法学院法律学系之增设，工程学科之扩充。此外若已进行之各项建筑，不久皆可完成，在外观上看来，总算不错。再加上园内生活之安适，读书研究之便利，大可闭起园门，埋首用功，不必再问外事。但大家不要因自己环境之舒适，而忘怀园外的情形。在中国今日状况之下，除安心读书外，还要时时注意到国家的危难。吾们如果要像欧洲中世纪僧院的办法，是绝对做不到的。但我们要纾难救国，不必专以开会宣传为己尽其责。宣传效果之如何，是大家所共知的。我们应该从事实上研究怎样可以得到切实有效的方法，帮助国家做种种建设的事业。这样才可以把学问做活了。我们的学生将来才成社会上真有用的人才。凡一校精神所在，不仅仅在建筑设备方面之增加，而实在教授之得人。本校得有请好教授之机会，故能多聘好教授来校。这是我们非常可幸的事。从前我曾改易《四书》中两语："所谓大学者，非谓有大楼之谓也，有大师之谓也"。现在吾还是这样想，因为吾认为教授责任不尽在指导学生如何读书，如何研究学问。凡能领学生做学问的教授，必能指导学生如何做人，因为求学与做人是两相关联的。凡能真诚努力做学问的，他们做人亦必不取巧、不偷懒、不作伪，故其学问事业终有成就。

以后谈话机会甚多，余不多说。现在即介绍去年休假出国、新近回校的各位教授讲演游历各国之感想，以增加我们进取的精神，并请各位新聘教授赐以教言……

在总理纪念周上的讲话

（1934 年）

导读：梅贻琦在本文中总结了自己十几年服务社会、服务师生的两个经验：一、知人与合作；二、认“事”与达观。

今天所要谈的，没有什么学术上有价值之贡献，只不过个人一点经验，十几年来服务社会所得到的两个教训，在诸同学正在预备自己的时候，报告给诸位，聊供印证参考。

吾人早有一共同感想：以我国幅员之广，人口之多，国人智力亦颇不弱，而国势何以如此衰颓？吾辈在学校时，认为须吾辈毕业后以专门知识改造中国现状，留学者更抱负非凡，然毕业者归国者现已不少，何以中国犹未改造？

其症结何在？愚归国十二年余，曾在学校及行政机关服务，与军界、商人，甚至土匪流氓，亦多有接触。由过去服务经验，得两教训：

（一）知人与合作。无论在政界、学界、社会救济事业中，均常感到事事缺人——所谓中国人多仅在数目，而处处缺乏适当人才。故现最急需者即“知人”：知人之能力，知人才之来源。但有时已有人才，而不能合作。考究其原因，据愚服务各种事业之经验及多年观察所得，不外“私”“伪”二者——此为缺人及不合作病象之两大原因！所谓私，即只为个人利益着想，忽略“事”及团体利益。政治上、社会上许多问题胥由于“私”。例不胜举，诸君谅能体会。关于“伪”，可举一事：民十九愚赴陕救灾，见华山麓下数十里平原皆植罂粟，而当地政府始终声称禁烟。此表面与事实不符，即是“伪”。此为极大病根。如国家只重表面虚言而略实际，当然造成各种事业不进步、国家危弱之结果。

（二）认“事”与达观。近年人才较夥，亦间能合作，但仍无补于国事者何故？即因国人不注意事实本身及事理，专问言由谁发，计由孰出？有人因“私”而忌妒，而颠倒是非，遂阻“事”之进行。现社会最缺乏者为是非标准，如对热河失守，言论尤有纷歧，其例是已。一般评论漫无标准，人乃各由己意。私见益深，国事益劣。今后吾人对事，应深深考察，追求究竟，以确立是非标准。切勿一闻恶评，辄灰心或取容易方法与社会同化。应只认“事”理，只为“事”努力，不能顾一般毁誉。是非虽无标准，但浸久自渐确立。

希望诸同学，现在即开始准备：（一）认识人，注意各种专门人才，并如何使大家合作，养成因公忘私精神；（二）认“事”（此点在学校练习为最好机会），对任何理论时事，皆求认识分析事之本身，就事实来下评论。再培植个人志向，同时注意磨炼自己，使有不屈不挠毅力。

大学一解

（1941 年）

导读：本文是梅贻琦在主持西南联大常务工作期间，熬夜写出要点，由清华教务长潘光旦先生代拟的文稿，发表于 1941 年 4 月。本文所体现的核心教育理念就是要注重通识教育，既要让学生学习文化知识，也要让学生提升道德修养，培养独立完整的人格，并给社会起到表率作用。

今日中国之大学教育，溯其源流，实自西洋移植而来，顾制度为一事，而精神又为一事。就制度言，中国教育史中固不见有形式相似之组织，就精神言，则文明人类之经验大致相同，而事有可通者。文明人类之生活要不外两大方面，曰己，曰群，或曰个人，曰社会。而教育之最大的目的，要不外使群中之己与众己所构成之群各得其安所遂生之道，且进以相位相育，相方相苞；则此地无中外，时无古今，无往而不可通者也。

西洋之大学教育已有八九百年之历史，其目的虽鲜有明白揭橥之者，然试一探究，则知其本源所在，实为希腊之人生哲学，而希腊人生哲学之精髓无他，即“一己之修明”是矣（Know thyself）。此与我国儒家思想之大本又何尝有异致？孔子于《论语·宪问》曰，“古之学者为己”。而病今之学者舍己以从人。其答子路问君子，曰“修己以敬”，进而曰，“修己以安人”，又进而曰“修己以安百姓”。夫君子者无他，即学问成熟之人，而教育之最大收获也。曰安人安百姓者，则又明示修己为始阶，本身不为目的，其归宿，其最大之效用，为众人与社会之福利，此则较之希腊之人生哲学，又若更进一步，不仅以一己理智方面之修明为已足也。

及至《大学》一篇之作，而学问之最后目的，最大精神，乃益见显著。《大学》一书开章明义之数语即曰，“大学之道，在明明德，在新民，在止于至善”。若论其目，则格物、致知、诚意、正心、修身，属“明明德”；而齐家、治国、平天下，属“新民”。《学记》曰，“九年知类通达，强立而不反，谓之大成；夫然后足以化民易俗，近者悦服，而远者怀之，此大学之道也”。知类通达，强立不反二语，可以为“明明德”之注脚；化民成俗，近悦远怀三语可以为“新民”之注脚。孟子于《尽心章》，亦言修其身而天下平。荀子论“自知者明，自胜者强”亦不出“明明德”之范围，而其泛论群居生活之重要，群居生活之不能不有规律，亦无非阐发“新民”二字之真谛而已。总之，儒家思想之包罗虽广，其于人生哲学与教育理想之重视“明明德”与“新民”二大步骤，则始终如一也。

今日之大学教育，骤视之，若与“明明德”“新民”之义不甚相干，然若加深察，则可知今日大学教育之种种措施，始终未能超越此二义之范围，所患者，在体认尚有未尽而实践尚有不力耳。大学课程之设备，即属于教务范围之种种，下自基本学术之传授，上至专门科目之研究，固格物致知之功夫而“明明德”之一部分也。课程以外之学校生活，即属于训导范围之种种，以及师长持身、治学、接物、待人之一切言行举措，苟于青年不无几分裨益，此种裨益亦必于格致诚正之心理生活见之。至若各种人文科学、社会科学学程之设置，学生课外之团体活动，以及师长以公民之资格对一般社会所有之努力，或为一种知识之准备，或为一种实地工作之预习，或为一种风声之树立，青年一旦学成离校，而于社会有所贡献，要亦不能不资此数者为一部分之挹注。此又大学教育“新民”之效也。

然则所谓体认未尽实践不力者又何在？明明德或修己功夫中之所谓明德，所谓己，所指乃一人整个之人格，而不是人格之片段。所谓整个之人格，即就比较旧派之心理学者之见解，至少应有知、情、志三个方面，而此三方面者皆有修明之必要。今则不然，大学教育所能措意而略有成就者，仅属知之一方面而已，夫举其一而遗其二，其所收修明之效，因已极有限也。然即就知之一端论之，目前教学方法之效率亦大有尚待扩充者。理智生活之基础为好奇心与求益心，故贵在相当之自动，能有自动之功，斯能收自新之效。所谓举一反三者，举一虽在执教之人，而反三总属学生之事。若今日之教学，恐灌输之功十居七八，而启发之功十不得二三。“明明德”之义，释以今语，即为自我之认识，为自我知能之认识，此即在智力不甚平庸之学子亦不易为之，故必有执教之人为之启发，为之指引，而执教者之最大能事，亦即至此而尽，过此即须学子自为探索，非执教者所得而助长也。故古之善教人者，《论语》谓之“善诱”，《学记》谓之“善喻”。孟子有云“君子深造之以道，欲其自得之也，自得之，则居之安，居之安，则资之深，资之深，则取之左右逢其源，故君子欲其自得之也”，此善诱或善喻之效也。今大学中之教学方法，即仅就知识教育言之，不逮尚远。此“体认不足实践不力”之一端也。

至意志与情绪二方面，既为寻常教学方法所不及顾，则其所恃者厥有二端：一为教师之树立楷模，二为学子之自谋修养。意志须锻炼，情绪须裁节。为教师者果能于二者均有相当之修养功夫，而于日常生活之中与以自然之流露，则从游之学子无形中有所取法；古人所谓“身教”，所谓“以善先人之教”，所指者大抵即为此两方面之品格教育，而与知识之传授不相干也。治学之精神与思想之方法，虽若完全属于理智一方面之心理生活，实则与意志之坚强与情绪之稳称有极密切之关系；治学贵谨严，思想忌偏蔽，要非持志坚定而用情有度之人不办。孟子有曰：“仁义礼智根于心，其生色也，睟然见于面，盎于背，施于四体，四体不言而喻。”曰“根于心”者，修养之实；曰“生于色”者，修养之效而自然之流露。设学子所从游者率为此类之教师，再假以时日，则濡染所及，观摩所得，亦正复有其不言而喻之功用。《学记》所称之“善喻”，要亦不能外此。试问今日之大学教育果真具备此条件否乎？曰：否。此可于三方面见之。上文不云乎？今日大学教育所能措意者仅为人格之三方面之一，为教师者果能于一己所专长之特科知识，有充分之准备，为明晰之讲授，作尽心与负责之考课，即已为良善之教师；其于学子之意志与情绪，生活与此种生活之见于操守者，殆有若秦人之视越人之肥瘠。历年既久，相习成风，即在有识之士，亦复视为固然，不思改作，浸假而以此种责任完全诿诸他人，曰：“此乃训育之事，与教学根本无干。”此条件不具备之一方面也。为教师者，自身固未始不为此种学风之产物，其日以孜孜者，专科知识之累积而已，新学说与新实验之传习而已，其于持志养气之道，待人接物之方，固未尝一日讲求也；试问己所未能讲求或无暇讲求者，又何能执以责人？此又一方面也。今日学校环境之内，教师与学生大率自成部落，各有其生活之习惯与时尚，舍教室中讲授之时间而外，几于不相谋面，军兴以还，此风尤甚，即有少数教师，其持养操守足为学生表率而无愧者，亦犹之椟中之玉、斗底之灯，其光辉不达于外，而学子即有切心于观摩取益者，亦自无从问径。此又一方面也。古者学子从师受业，谓之从游。孟子曰："游于圣人之门者难为言。"间尝思之，游之时义大矣哉。学校犹水也，师生犹鱼也，其行动犹游泳也。大鱼前导，小鱼尾随，是从游也。从游既久，其濡染观摩之效，自不求而至，不为而成。反观今日师生之关系，直一奏技者与看客之关系耳，去从游之义不綦远哉！此则于大学之道，"体认尚有未尽、实践尚有不力"之第二端也。

至学子自身之修养又如何？学子自身之修养为中国教育思想中最基本之部分，亦即儒家哲学之重心所寄。《大学》八目，涉此者五，《论语》《中庸》《孟子》之所反复申论者，亦以此为最大题目。宋元以后之理学，举要言之，一自身修善之哲学耳；其派别之分化虽多，门户之纷呶虽甚，所争者要为修养之方法，而于修养之必要，则靡不同也。我侪以今日之眼光相绳，颇病理学教育之过于重视个人之修养，而于社会国家之需要，反不能多所措意；末流之弊，修身养性几不复为入德育才之门，而成遁世避实之路。然理学教育之所过即为今日学校教育之所不及。今日大学生之生活中最感缺乏之一事即为个人之修养。此又可就下列三方面分别言之：

一曰时间不足。今日大学教育之学程太多，上课太忙，为众所公认之一事，学生于不上课之时间，又例须有多量之“预备”功夫，而所预备者又不出所习学程之范围，于一般之修养邈不相涉。习文史哲学者，与修养功夫尚有几分关系，其习他种理实科目者，无论其为自然科学或社会科学，犹木工水作之习一艺耳。习艺愈勤去修养愈远。何以故？曰：无闲暇故。仰观宇宙之大，俯察品物之盛，而自审其一人之生应有之地位，非有闲暇不为也。纵探历史之悠久，文教之累积，横索人我关系之复杂，社会问题之繁变，而思对此悠久与累积者宜如何承袭节取而有所发明，对复杂繁变者宜如何应付而知所排解，非有闲暇不为也。人生莫非学问也，能自作观察、欣赏、沉思、体会者，斯得之。今学程之所能加惠者，充其量，不过此种种自修功夫之资料之补助而已，门径之指点而已，至若资料之咀嚼融化，门径之实践以至于升堂入室，博者约之，万殊者一之，则非有充分之自修时间不为功，就今日之情形而言，则咀嚼之时间，且犹不足，无论融化，粗识门径之机会犹或失之，姑无论升堂入室矣。

二曰空间不足。人生不能离群，而自修不能无独，此又近顷大学教育最所忽略之一端。《大学》一书尝极论毋自欺，必慎独之理。不欺人易，不自欺难，与人相处而慎易，独居而慎难。近代之教育，一则曰社会化，再则曰集体化，卒使黉舍悉成营房，学养无非操演，而慎独与不自欺之教亡矣。夫独学无友，则孤陋而寡闻，乃仅就智识之切磋而为言者也；至情绪之制裁，意志之磨砺，则固为我一身一心之事，他人之于我，至多亦只所以相督励、示鉴戒而已。自“慎独”之教亡，而学子乃无复有“独”之机会，亦无复作“独”之企求；无复知人我之间精神上与实际上应有之充分之距离，适当之分寸，浸假而无复知情绪制裁与意志磨炼之为何物，即无复知《大学》所称诚意之为何物，充其极，乃至于学问见识一端，亦但知从众而不知从己，但知附和而不敢自作主张，力排众议。晚近学术界中，每多随波逐浪（时人美其名曰“适应潮流”）之徒，而少砥柱中流之辈，由来有渐，实无足怪。《大学》一书，于开章时阐明大学之目的后，即曰，“知止而后有定，定而后能静，静而后能安，安而后能虑，虑而后能得”。今日之青年，一则因时间之不足，再则因空间之缺乏，乃至数年之间，竟不能如绵蛮黄鸟之得一丘隅以为休止。休止之时地既不可得，又遑论定、静、安、虑、得之五步功夫耶？此深可虑而当亟为之计者也。

三曰师友古人之联系之阙失。关于师之一端，上文已具论文，今日之大学青年，在社会化与集体生活化一类口号之空气之中，所与往还者，有成群之大众，有合夥之伙伴，而无友。曰集体生活，又每苦不能有一和同之集体，或若干不同而和之集体，于是人我相与之际，即一言一动之间，亦不能不多所讳饰顾忌，驯至舍寒暄笑谑与茶果征逐而外，根本不相往来。此目前有志之大学青年所最感苦闷之一端也。夫友所以祛孤陋，增闻见，而辅仁进德者也，个人修养之功，有恃于一己之努力者固半，有赖于友朋之督励者亦半；今则一己之努力既因时空两间之不足而不能有所施展，有如上文所论，而求友之难又如此，又何怪乎成德达才者之不多见也。古人亦友也，孟子有尚友之论，后人有尚友之录，其对象皆古人也。今人与年龄相若之同学中既无可相友者，有志者自犹可于古人中求之。然求之又若不易。史学之必修课程太少，普通之大学生往往仅修习通史一两门而止，此不易一也。时人对于史学与一般过去之经验每不重视，甚者且以为革故鼎新之精神，即在完全抹杀已往，而创造未来，前人之言行，时移世迁，即不复有分毫参考之价值，此不易二也。即在专考史学之人，又往往用纯粹物观之态度以事研究，驯至古人之言行举措，其所累积之典章制度，成为一堆毫无生气之古物，与古生物学家所研究之化石骨殖无殊，此种研究之态度，非无其甚大之价值，然设过于偏注，则史学之与人生将不复有所联系，此不易三也。有此三不易，于是前哲所再三申说之

“以人鉴人”之原则将日趋湮没，而“如对古人”之青年修养之一道亦曰即于荒秽不治矣。学子自身之不能多所修养，是近代教育对于大学之道“体认尚有未尽、实践尚有不力”之第三端也。

以上三端，所论皆为明德一方面之体认未尽与实践不力，然则新民一方面又如何？大学新民之效，厥有二端。一为大学生新民工作之准备；二为大学校对社会秩序与民族文化所能建树之风气。于此二端，今日之大学教育体认亦有未尽，而实践亦有不力也。试分论之。

大学有新民之道，则大学生者负新民工作之实际责任者也。此种实际之责任，因事先必有充分之准备，相当之实验或见习，而大学四年，即所以为此准备与实习而设，亦自无烦赘说。然此种准备与实习果尽合情理乎？则显然又为别一问题。明德功夫即为新民功夫之最根本之准备，而此则已大有不能尽如人意者在，上文已具论之矣。然准备之缺乏犹不止此。今人言教育者，动称通与专之二原则。故一则曰大学生应有通识，又应有专识，再则曰大学卒业之人应为一通才，亦应为一专家，故在大学期间之准备，应为通专并重。此论固甚是，然有不尽妥者，亦有未易行者。此论亦固可以略救近时过于重视专科之弊，然犹未能充量发挥大学应有之功能。窃以为大学期内，通专虽应兼顾，而重心所寄，应在通而不在专，换言之，即须一反目前重视专科之倾向，方足以语于新民之效。夫社会生活大于社会事业，事业不过为人生之一部分，其足以辅翼人生，推进人生，固为事实，然不能谓全部人生即寄寓于事业也。通识，一般生活之准备也，专识，特种事业之准备也，通识之用，不止润身而已，亦所以自通于人也，信如此论，则通识为本，而专识为末，社会所需要者，通才为大，而专家次之，以无通才为基础之专家临民，其结果不为新民，而为扰民。此通专并重未为恰当之说也。大学四年而已，以四年之短期间，而既须有通识之准备，又须有专识之准备，而二者之间又不能有所轩轾，即在上智，亦力有未逮，况中资以下乎？并重之说所以不易行者此也。偏重专科之弊，既在所必革，而并重之说又窒碍难行，则通重于专之原则尚矣。

难之者曰，大学而不重专门，则事业人才将焉出？曰：

此未作通盘观察之论也。大学虽重要，究不为教育之全部，造就通才虽为大学应有之任务，而造就专才则固别有机构在。一曰大学之研究院。学子即成通才，而于学问之某一部门，有特殊之兴趣，与特高之推理能力，而将以研究为长期或终身事业者可以入研究院。二曰高级之专门学校。艺术之天分特高，而审美之兴趣特厚者可入艺术学校，躯干刚劲，动作活泼，技术之智能强，而理论之兴趣较薄者可入技术学校。三曰社会事业本身之训练。事业人才之造就，由于学识者半，由于经验者亦半，而经验之重要，且在学识上，尤以社会方面之事业人才所谓经济长才者为甚，尤以在今日大学教育下所能产生之此种人才为甚。今日大学所授之社会科学知识，或失之理论过多，不切实际，或失诸凭空虚构，不近人情，或失诸西洋之资料太多，不适国情民性；学子一旦毕业而参加事业，往往发见学用不相呼应，而不得不于所谓“经验之学校”中，别谋所以自处之道，及其有成，而能对社会有所贡献，则泰半自经验之学校得来，而与所从卒业之大学不甚相干，以至于甚不相干。至此始恍然于普通大学教育所真能造就者，不过一出身而已，一资格而已。

出身诚是也，资格亦诚是也。我辈从事大学教育者，诚能执通才之一原则，而曰：才不通则身不得出，社会亦诚能执同一之原则。而曰：无通识之准备者，不能取得参加社会事业之资格，则所谓出身与资格者，固未尝不为绝有意识之名词也。《大学》八目，明德之一部分至身修而止，新民之一部分自身修而始，曰出身者，亦曰身已修，德已明，可以出而从事于新民而已矣，夫亦岂易言哉？不论一人一身之修明之程度，不问其通识之有无多寡，而但以一纸文凭为出身之标识者，斯失之矣。

通识之授受不足，为今日大学教育之一大通病，固已渐为有识者所公认，然不足者果何在，则言之者尚少。大学第一年不分院系，是根据通之原则者也，至第二年而分院系，则其所据为专之原则。通则一年，而专乃三年，此不足之最大原因而显而易见者。今日而言学问，不能出自然科学、社会科学与人文科学三大部门；曰通识者，亦曰学子对此三大部门，均有相当准备而已，分而言之，则对每门有充分之了解，合而言之，则于三者之间，能识其会通之所在，而恍然于宇宙之大、品类之多、历史之久、文教之繁，要必有其一以贯之之道，要必有其相为因缘与依倚之理，此则所谓通也。今学习仅及期年而分院分系，而许其进入专门之学，于是从事于一者，不知二与三为何物，或仅得二与三之一知半解，与道听途说者初无二致；学者之选习另一部门或院系之学程也，亦先存一“限于规定，聊复选习”之不获已之态度，日久而执教者亦曰，“聊复有此规定尔，固不敢从此期学子之必成为通才也”。近年以来，西方之从事于大学教育者，亦尝计虑及此，而设为补救之法矣。其大要不出二途。一为暂缓分院分系之年限，有自第三学年始分者；二为第一学年中增设“通论”之学程。窃以为此二途者俱有未足，然亦颇有可供攻错之价值；可为前途改革学程支配之张本。大学所以宏造就，其所造就者为粗制滥造之专家乎，抑为比较周见洽闻、本末兼赅、博而能约之通士乎？胥于此种改革卜之矣。大学亦所以新民，吾侪于新民之义诚欲作进一步之体认与实践，欲使大学出身之人，不藉新民之名，而作扰民之实，亦胥以此种改革为入手之方。

然大学之新民之效，初不待大学生之学成与参加事业而始见也。学府之机构，自身亦正复有其新民之功用，就其所在地言之，大学严然为一方教化之重镇，而就其声教所暨者言之，则充其极可以为国家文化之中心，可以为国际思潮交流与朝宗之汇点(近人有译英文 Focus 一字为汇点者，兹从之)。即就西洋大学发展之初期而论，十四世纪末年与十五世纪初年，欧洲中古文化史有三大运动焉，而此三大运动者均自大学发之。一为东西两教皇之争，其终于平息而教权复归于一者，法之巴黎大学领导之功也；二为魏克文夫(Wyclif)之宗教思想革新运动，孕育而拥护之者英之牛津大学也；三为郝斯（John Hus）之宗教改革运动，郝氏与惠氏之运动均为十六世纪初年马丁·路得宗教改革之先声，而孕育与拥护之者，布希米亚(战前为捷克地)之蒲拉赫（Prague）大学也。大学机构自身正复有其新民之效，此殆最为彰明较著之若干例证。

间尝思之，大学机构之所以生新民之效者，盖又不出二途。一曰为社会之倡导与表率,其在平时,表率之力为多,及处非常，则倡导之功为大。上文所举之例证，盖属于倡导一方面者也。二曰新文化因素之孕育涵养与简练揣摩。而此二途者又各有其凭藉。表率之效之凭藉为师生之人格与其言行举止。此为最显而易见者。一地之有一大学，犹一校之有教师也，学生以教师为表率，地方则以学府为表率，古人谓一乡有一善士，则一乡化之，况学府者应为四方善士之一大总汇乎？设一校之师生率为文质彬彬之人，其出而与社会周旋也，路之人亦得指而目之曰，“是某校教师也，是某校生徒也”，而其所由指认之事物为语默进退之间所自然流露之一种风度，则始而为学校环境以内少数人之所独有者，终将为一地方所共有，而成为一种风气；教化云者，教在学校环境以内，而化则达于学校环境以外，然则学校新民之效，固不待学生出校而始见也明矣。

新文化因素之孕育所凭藉者又为何物？师生之德行才智，图书实验，大学之设备，可无论矣。所不可不论者为自由探讨之风气。宋儒安定胡先生有曰，“艮言思不出其位，正以戒在位者也，若夫学者，则无所不思，无所不言，以其无责，可以行其志也；若云思不出其位，是自弃于浅陋之学也”。此语最当。所谓无所不思，无所不言，以今语释之，即学术自由（Academic Freedom）而已矣。今人颇有以自由主义为诟病者，是未察自由主义之真谛者也。夫自由主义（Liberalism）与荡放主义（Libertinism）不同，自由主义与个人主义，或乐利的个人主义，亦截然不为一事。假自由之名，而行荡放之实者，斯病矣。大学致力于知、情、志之陶冶者也，以言知，则有博约之原则在，以言情，则有裁节之原则在，以言志，则有持养之原则在，秉此三者而求其所谓“无所不思，无所不言”，则荡放之弊又安从而乘之？此犹仅就学者一身内在之制裁而言之耳，若自新民之需要言之，则学术自由之重要，更有不言而自明者在。新民之大业，非旦夕可期也，既非旦夕可期，则与此种事业最有关系之大学教育，与从事于此种教育之人，其所以自处之地位，势不能不超越几分现实，其注意之所集中，势不能为一时一地之所限止，其所期望之成就，势不能为若干可以计日而待之近功。职是之故，其“无所不思”之中，必有一部分为不合时宜之思，其“无所不言”之中，亦必有一部分为不合时宜之言；亦正唯其所思所言，不尽合时宜，乃或不合于将来，而新文化之因素胥于是生，进步之机缘，胥于是启，而新民之大业，亦胥于是奠其基矣。

“大学之道，在明明德，在新民，在止于至善。”至善之界说难言也，姑舍而不论。然明明德与新民二大目的固不难了解而实行者。然洵如上文所论，则今日之大学教育，于明明德一方面，了解犹颇有未尽，践履犹颇有不力者，而不尽不力者，要有三端，于新民一方面亦然，其不尽力者要有二端。不尽者尽之，不力者力之，是今日大学教育之要图也，是“大学一解”之所为作也。

图书在版编目（CIP）数据

清华校长给教师的建议 / 曹云祥，罗家伦，梅贻琦著；路远编. — 长沙：湖南人民出版社，2021.8（2022.4）
ISBN 978-7-5561-2550-0

Ⅰ. ①清… Ⅱ. ①曹… ②罗… ③梅… ④路… Ⅲ. ①教育思想－研究－中国 Ⅳ. ①G40

中国版本图书馆CIP数据核字（2021）第080014号

QINGHUA XIAOZHANG GEI JIAOSHI DE JIANYI
清华校长给教师的建议

著　　者　曹云祥　罗家伦　梅贻琦
编　　者　路　远
出版统筹　陈　实
监　　制　傅钦伟
产品经理　姚忠林
责任编辑　田　野
责任校对　唐雅明
装帧设计　尛　玖

出版发行　湖南人民出版社［http://www.hnppp.com］
地　　址　长沙市营盘东路3号
邮　　编　410005

印　　刷　长沙市雅高彩印有限公司
版　　次　2021年8月第1版
　　　　　2022年4月第2次印刷
开　　本　870 mm × 1230 mm　1/32
印　　张　6.625
字　　数　140千字
书　　号　ISBN 978-7-5561-2550-0
定　　价　39.80元

营销电话：0731-82683348　（如发现印装质量问题请与出版社调换）